U0458321

本书受上海市高水平地方高校（学科）建设项目资助

# 隐私、个人信息与数据保护的法律互动机制研究

杨显滨◎著

上海三联书店

# 序　言

数字经济背景下，受制于信息的高聚合化与强流通性，个人隐私与个人信息发展出新型的互动关系，具体表现为个人隐私信息化、个人信息整体化以及个人信息数据资产化。在此趋势下，个人隐私与个人信息的保护问题纷纷涌现，包括个人隐私的界定标准失效、私密信息的属性难以界定、私密信息的保护规则不明、个人信息的可识别性标准失灵、知情同意规则的适用难以为继、数据保护的法律基础缺失等。消弭问题的关键在于，突破传统理论桎梏，澄清隐私、个人信息、数据保护的现有问题。应在着眼当下立法导向，回应隐私、个人信息、数据保护价值嬗变的基础上，以解释论为基础厘清个人隐私与个人信息的现行规定，以立法论为基础创设个人隐私、个人信息与数据的动态平衡保护模式。在解释论方面，以合理期待理论与理性人标准完善个人隐私的界定方式；明确私密信息的识别性、私密性与敏感性特质；证立私密信息的二元保护模式；以场景化控制与风险评估理论重塑个人信息的界定标准；通过场景理论、合理期待理论以及容忍义务理论完善知情同意规则；适用比例原则、场景理论平衡个人信息的保护与利用；从形式、内容、目的三方面界分信息与数据；承认数据权的财产权属性；引入影响评估制度，限制可携带权行使，强化数据权保护，实现隐私、个人信息、数据现行保护规定的逻辑自洽。在立法论方面，构建以动态匿名化为基础的隐私处理前置性机制，重塑以人格利益与财产利益二分为基础的私密信息处理规则，建构以场景理论为基础的数据动态类型化处理规则，以实现信息主体、信息处理者之间的利益衡平。在发展趋势的遵循上，应直面隐私保护式微的现实情况以及个人信息与数据高流通的实践需求，紧跟个人信息与数据保护由固守陈规向风险预防发展的趋势，创设递进式应对方案以补强个人信息知情同意规则；构建协调适用规则以化解《民法典》与《个人信息保护法》在规制个人信息侵权方面存在的冲突；塑造数据产权制度、流通交易制度以及收益分配制度以回应不同类型数据保护的价值取向，进而兼顾隐私、个人信息与数据保护。

# 目　录

# 引　言

　　数字经济的概念可以追溯到美国商人 Tapscott Don 于 1997 年出版的《数字经济：网络智能时代的承诺与危险》( *The Digital Economy： Promise and Peril in the Age of Networked Intelligence* )。作为一种新型经济形态，数字经济"是人类通过技术的联网，结合智慧、知识和创造力，在创造财富和社会发展方面取得的突破性进展"，[①]接连催生出大数据、云计算、物联网、区块链、人工智能、5G 通信等新兴技术以及"新零售""新制造"等新兴产业。然而，"由于世界只处于数字化的早期阶段，不断发展的数字经济和其他一些相关的经济术语缺乏广泛接受的定义"[②]。关于数字经济的内涵与外延，各组织、机构众说纷纭，各执己见。欧盟委员会数字经济征税专家小组（Expert Group on Taxation of the Digital Economy）

---

① Gretchenko, A. I., et al. "Digital Economy： Challenges and Threats for Modern Russia." *Journal of Advanced Research in Law and Economics* ( *JARLE* ) 9.4(2018)：1244.

② Digital Economy Report 2019, United Nations Conference on Trade and Development, https：//unctad.org/webflyer/digital-economy-report-2019，last visit on Aug.14, 2022.

将数字经济定义为"一种以数字技术为基础的经济(也称作互联网经济)"①。欧洲议会、英国计算机协会等组织、机构亦作出相似界定。值得注意的是,根据 2016 年《G20 数字经济发展与合作倡议》对数字经济的定义,数字经济是以信息、知识为依托,借由信息网络、信息技术实现经济增长的经济形态。②2022 年 12 月 19 日,中共中央、国务院印发的《关于构建数据基础制度更好发挥数据要素作用的意见》(以下简称"数据二十条")亦指出,"数据作为新型生产要素,是数字化、网络化、智能化的基础,已快速融入生产、分配、流通、消费和社会服务管理等各环节"。以信息作为关键生产要素的数字经济,其发展仰赖数字化信息的高速流通,其中不乏海量的个人信息、隐私。在数字经济蓬勃发展的进程中,隐私、个人信息的流通速度呈现指数型增长的趋势。在其流通、处理的过程中乱象频现,信息主体的人格权益屡屡受损、岌岌可危。数字经济背景下,受制于信息流通的高速性以及信息所承载的复杂利益,隐私与个人信息的保护至关重要。早在数字经济的概念产生以前,隐私与个人信息的流通与利用已屡见不鲜,各国已就隐私及个人信息立法展开广泛探索。在深入探讨数字经济冲击下隐私权与个人信息权益动态平衡保护问题之前,须明确隐私权与个人信息保护基础理论、域外相关立法、我国相关法规等内容,以便全面、深入地认识隐私、个人信息保护的发展历程,

---

① Bukht, Rumana, Richard Heeks. "Defining, Conceptualising and Measuring the Digital Economy." Development Informatics Working Paper 68(2017), p.6.

② See G20 Digital Economy Development and Cooperation Initiative, http://www.g20.utoronto.ca/2016/g20-digital-economy-development-and-cooperation.pdf, last visit on Aug.14, 2022.

为我国隐私与个人信息保护提供经验。

　　在隐私权与个人信息保护的发展历程中,各国立法均在不同程度上展现出对隐私与个人信息保护的杂糅。①19 世纪末,沃伦和布兰代斯的名篇《论隐私权》将隐私定义为"个人独处权利",将隐私利益上升为一种个人权利与法律相联系的概念,普通法中的"隐私权"随之诞生。②20 世纪 70 年代,威斯汀在《隐私与自由》中指出,隐私权是不同主体对于信息沟通过程的一种自我控制权。③还有学者提出,隐私是公共性不能进入的"空间领域",④是一种特殊的"物",具有亲密性、秘密性或敏感性。⑤西方学者还区分了隐私权的法哲学基础:在洛克法哲学中,隐私是"自我所有权"的客体,以财产形式被占有,美国立法受之影响;沿循康德的路径,隐私保护个体的自治,欧洲立法受之影响,并在德国发展为宪法权利。⑥耶鲁大学惠特曼教授认为,两者的隐私制度拥有不同的价值核心,"一方面主要是被大众媒体威胁的个人尊严利益,这属于欧洲;另一方面主要是被政府威胁的自由利益,这存在于美国"⑦。随着隐私权保护的不断推进,与隐私保护密切相关的

----

① 参见王利明:《论个人信息权的法律保护——以个人信息权与隐私权的界分为中心》,载《现代法学》2013 年第 4 期,第 62 页。

② See Warren, Samuel. Louis Brandeis. "The Right to Privacy." *Harvard Law Review* 4.5(1890): 193 - 220.

③ See Westin, Alan F. "Privacy and Freedom." *Washington and Lee Law Review* 25.1(1968):166.

④ See Konvitz, Milton R. "Privacy and the Law: A Philosophical Prelude." *Law and Contemporary Problems* 31.2(1966):272 - 280.

⑤ See Waldman, Ari Ezra. "Privacy, Notice, and Design." *Stanford Technology Law Review* 21 (2018):74.

⑥ See Nissenbaum, Helen. "Privacy as Contextual Integrity." *Wash. L. Rev.* 79(2004):119.

⑦ James Q. Whitman, "The Two Western Cultures of Privacy: Dignity Versus Liberty", *Yale Law Journal* 113.6(2004):1221.

个人信息保护问题映入眼帘。"20 世纪 80 年代开始的全球信息化运动,使人类进入了一个信息化社会……个人信息成为一项重要的社会资源。"[①]在对个人信息的认定上,欧盟采取了识别型,以识别自然人为要件;美国与澳大利亚则采取了隐私型,以个人不愿被人知悉为标准或极为敏感为要件。以此为基础,世界范围内隐私、个人信息保护的相关立法展现出迥然相异的两条进路:以欧洲国家为代表的国家通过信息自决权保护个人信息与隐私;以美国为代表的国家则通过隐私权实现对个人信息的保护。目光往返流转于各国关于隐私与个人信息保护的立法进程,其均展现出隐私与个人信息保护规定相互交织、错综复杂的态势,具体表现如下:

美国法通过隐私权路径保护个人信息。[②]1977 年美国联邦最高法院在著名的 Whalen v. Roe 一案中,确立了信息隐私权。[③]美国侵权法以信息隐私(information privacy)的概念为依托,构建起大隐私权保护制度,将个人信息纳入到隐私保护之下,由侵权法对个人信息提供一般性保护。《美国侵权法重述(第二版)》28A章"侵犯隐私"构建起的隐私权制度即囊括了对肖像、姓名、名誉、隐私的保护。[④]此外,美国于 1974 年制定的《隐私法》亦强调个人

---

① 王利明:《论个人信息权在人格权法中的地位》,载《苏州大学学报(哲学社会科学版)》2012 年第 6 期,第 68 页。

② 参见谢远扬:《信息论视角下个人信息的价值——兼对隐私权保护模式的检讨》,载《清华法学》2015 年第 3 期,第 99 页。

③ Whalen v. Roe, 433 U.S. 425(1977).

④ 参见肯尼斯·S.亚伯拉罕、阿尔伯特·C.泰特选编,许传玺、石宏等译:《侵权法重述:纲要》,法律出版社 2006 年版,第 221－229 页。

信息处理的公平性与正当性，以防止个人隐私的侵害。①可见，美国法中的隐私权承担了一般人格权的功能。在美国法一般人格权制度尚付阙如的背景下，借隐私权实现对个人信息的保护成为必然。在美国法上，个人信息资料被视作为一种隐私而加以保护。②值得注意的是，相较于隐私保护，美国在个人信息的保护上，采取了"隐私权分散立法＋行业自律"立法模式，对涉及隐私的个人信息提供较为严格的保护，并注重个人信息的自由流通。截至 2022 年 5 月，美国第 5 部州级隐私法——《康涅狄格州消费者隐私法》(Connecticut Data Privacy Act，CTDPA)颁布。其与《加州消费者隐私法》(California Consumer Privacy Act，CCPA)、《加州隐私权利法》(California Privacy Rights Act，CPRA)、《弗吉尼亚州消费者数据保护法》(Virginia Consumer Data Protection Act，VCDPA)、《科罗拉多州隐私法》(Colorado Privacy Act，CPA)等法案共同构建起美国隐私权分散立法模式。其中，2020 年 1 月生效的《加州消费者隐私法案》赋予消费者各种隐私权利，施以收集或出售与消费者个人信息有关的企业诸多义务，特别设立了侵犯隐私的风险评估制度。2000 年 4 月生效的《儿童在线隐私保护法》(Children's Online Privacy Protection Act，COPPA)在强调保护收集儿童个人信息的机密性、安全性和完整性的基础上，设置儿童在线隐私遭受侵犯时的公益诉讼制度，以保障儿童的权利。在此

---

① 参见张新宝：《从隐私到个人信息：利益再衡量的理论与制度安排》，载《中国法学》2015 年第 3 期，第 44 页。

② See Daniel J. Solove & Paul M. Schwartz, *Information Privacy Law*, Third Edition, Wolters Kluwer, 2009, p.2.

基础上,有学者认为,美国模式恐难对非隐私的一般个人信息进行保护,故应当赋予信息主体广泛的知情权、访问权和删除权,否则"企业和政府对个人信息的收集与使用将处于失控状态"①。Fred H. Cate 认为,"美国的信息隐私法常表现为一系列不协调、不一致且经常不理性的联邦和州法律规则"②。综上所述,在个人信息保护的立法上,美国法通过大隐私权概念涵盖隐私与个人信息,进而实现二者的保护。与此同时,受制于隐私权分散式、行业性立法模式的缺陷与不足,美国在隐私与个人信息保护上举步维艰。尤其是个人和企业地位之间的不对等,将导致企业对个人信息的不当收集、使用和转移等行为的合法化,从而使个人的权利难以得到有效保护。③

　　欧洲以信息自决权路径保护个人信息与隐私权。欧盟对个人数据隐私、数据安全等方面有着较高关切,对个人信息保护采取了"统一专门立法"模式,先后出台了《个人数据保护指令》(Regulation on the Protection of Individuals with Regard to the Processing of Personal Data by the Community Institutions and Bodies and on the Free Movement of Such Data)、《通用数据保护条例》(General Data Protection Regulation);为加快数字化转型进程,出台有《欧盟非个人数据自由流通条例》(Regulation on the Free Flow of Non-personal Data)、《网络安全法》(Cybersecurity Act)、

---

① Johnson, Shawn A. "A Law and Economics Approach to Privacy Policy Misstatements: Considering the Need for a Cost-Benefits Analysis in the FTC's Deception Framework." *Columbia Science and Technology Law Review* 18.1(2016):81.

② Fred H. Cate, *Privacy in the Information Age*, Brookings Institution Press, 1997, p.80.

③ 参见孔令杰:《个人资料隐私的法律保护》,武汉大学出版社 2009 年版,第 167 - 168 页。

《欧洲数据战略》(A European Strategy for Data)、《数字服务法案》(Digital Service Act)、《数字治理法案》(Data Governance Act)等多项法规与文件。其中,2000 年 12 月欧盟通过的《个人数据保护指令》序言部分指出,"为了确保个人数据在欧共体内的自由流动,95/46/欧共体指令要求成员国保护自然人的基本权利和自由,尤其是他们享有的预计与个人数据处理有关的隐私权";[①]2002 年 7 月欧盟发布《隐私与电子通讯指令》(Directive on Privacy and Electronic Communications, Directive 2002/58/EC),旨在"为公用电子通信服务的使用者在个人数据和隐私保护方面提供平等的保护";[②]2012 年 1 月欧盟委员会发布的《欧盟数据保护改革更新》(EU Data Protection Reform)提出"'互联网隐私权的强化''欧盟数字经济的复兴''成员国之间个人数据保护执行的协调'三个目标";[③]2016 年 5 月生效的《通用数据保护条例》,意在"保护自然人的基本权利与自由,尤其保护个人数据的权利"[④]。由此可见,欧盟颁布的一系列关于个人信息保护的指令并未就个人信息与隐私的截然二分作出明确规定,其"所保护的个人信息也包含对个人隐私权的保护"[⑤]。以此为基础,欧洲各国延续了欧盟的"统一专门立法"模式,具体包括 1970 年实施的

---

① See Regulation ( EC) No. 45/2001 of the European Parliament and of the Council of 18 December 2000 on the protection of individuals with regard to the processing of personal data by the community institutions and bodies and on the free movement of such data, Preamble.

② See Directive on Privacy and Electronic Communications, Preamble.

③ 任虎译:《欧盟一般数据保护条例》,华东理工大学出版社 2018 年版,序言。

④ See General Data Protection Regulation, Article 1(2).

⑤ 王利明:《论个人信息权的法律保护——以个人信息权与隐私权的界分为中心》,载《现代法学》2013 年第 4 期,第 62 页。

德国《黑森州资料法》、1973 年通过的《瑞典资料法》、1977 年出台的德国《联邦资料保护法》、1978 年制定的法国《信息、档案与自由法》、1984 年出台的《英国资料保护法》等。根据上述法规与文件，不难看出针对资料处理带来的社会问题，欧洲各国及欧盟采取了"统一专门立法"模式，制定基础性的资料保护法，一并规制公私领域中的资料处理活动。然而，上述国家与组织并未明确区分隐私与个人信息保护，甚至在共用电子通信服务领域，强调个人信息与隐私的平等保护。对隐私与个人信息不加区分的保护模式难以兼顾个人信息所承载的人格利益与个人信息流通所带来的经济利益。为此，欧盟对私密信息（敏感信息）和一般信息进行区分，分别进行保护，如《通用数据保护条例》第 9 条。德国领域理论学者将私领域分为一般私人领域（Intimsphäre）、秘密领域（Geheimsphäre）和隐私领域（Intimsphäre），[①]后者应当受到绝对保护，但应考虑个人的合理期待。法国学界对个人信息保护的观点有人格权（隐私领域）保护模式和一般侵权条款模式两种。[②]综上，欧洲在以信息自决权路径保护个人信息与隐私的基础上，就隐私权与个人信息保护作出不同规定，但在隐私与个人信息保护规则的适用上仍泾渭不分。

在我国立法与司法的发展过程中，对隐私的保护均先于个人信息保护。我国隐私权的概念最初出现于司法实践中，通过类推适用名誉权的有关规定进行保护。1988 年通过的《关于贯彻执

① Daniel Zimmermann, *Die Privatsphäre der Prominenten in der Berichterstattung*, GRIN Verlag, 2012.
② 参见叶名怡：《个人信息的侵权法保护》，载《法学研究》2018 年第 4 期，第 87 页。

行《中华人民共和国民法通则》若干问题的意见(试行)》指出,因宣扬他人隐私造成一定影响的,应认定为对名誉权的侵害。1993发布的《最高人民法院关于审理名誉权案件若干问题的解答》指出,擅自公布或宣扬他人隐私致使他人名誉受损的,应按照侵害名誉权处理。但学术界与实务界均认为隐私权与名誉权之间存在较大差异,名誉权难以涵盖隐私权,借名誉权保护隐私实属不妥。随后,于2001年通过的《关于确定民事侵权精神损害赔偿责任若干问题的解释》正式认可了隐私的法律地位,将隐私作为一项独立的人格利益加以保护。①2009年通过的《中华人民共和国侵权责任法》第2条明确划分名誉权与隐私权,将隐私权视为独立的民事权利。2017年通过的《中华人民共和国民法总则》第110条亦沿用该表述,视隐私权为具体人格权。遗憾的是,过往制定法中均未明确隐私权的具体内容,对其内涵和外延的认识还要归于学理和判例的讨论。②2020年颁布的《中华人民共和国民法典》(以下简称《民法典》)对此作出回应,以第110条、第990条、第1032条至1034条为基础,构建起隐私权制度,以充分保护自然人的隐私权,隐私权保护体系得以形成。此外,随着数据化、信息化进程的推进,个人信息泄露、非法处理个人信息等事件层出不穷,个人信息的保护与利用问题愈发尖锐。为应对个人信息数字化带来的风险,我国法律亦对个人信息的保护与利用问题作出回应。纵览整个立法回应过程可知,我国对个人信息的保护起步较晚,在《民法典》与《中华人民共和国个人信息保护法》(以下

---

① 参见程啸:《人格权研究》,中国人民大学出版社2022年版,第402页。
② 参见王利明:《人格权法研究》,中国人民大学出版社2012年版,第520页。

简称《个人信息保护法》）颁布以前,关于个人信息保护的规定散见于相关法律法规中。①其间,我国对个人信息的保护表现出公法与私法规定参差,相关规范不成体系;重"刑事处罚""行政管理",轻"民事确权""民事归责"等问题。②2020 年 5 月 28 日颁布的《民法典》在第四编"人格权编"第一章"一般规定"、第五章"名誉权与荣誉权"和第六章"隐私权和个人信息保护"分别对个人信息的"合理使用""定义"以及"处理方式"等内容作出规定。随后,2021 年 8 月 20 日通过的《个人信息保护法》对个人信息的处理、保护、侵权责任等内容作出更为详细的规定。回溯我国隐私权与个人信息保护立法进程,不难看出隐私权与个人信息保护相互交织、互动频繁。《关于加强网络信息保护的决定》第 8 条、《数据安全法》第 38 条均对个人信息与个人隐私的保护作出统一规定。此外,《民法典》将隐私权与个人信息保护共同置于"人格权编"第六章。《民法典》第 1034 条第 3 款规定,"个人信息中的私密信息,适用有关隐私权的规定;没有规定的,适用有关个人信息保护的规定"。可见,我国在隐私权与个人信息保护立法漫长的发展历程中,就隐私权与个人信息权益的保护,逐渐形成了由不加区分向各自独立转变的趋势。然而,受制于我国现行法的模糊

---

① 相关法律法规包括:2005 年通过的《中华人民共和国刑法修正案(五)》、2009 年通过的《中华人民共和国刑法修正案(七)》、2012 年发布的《全国人民代表大会常务委员会关于加强网络信息保护的决定》(以下简称《关于加强网络信息保护的决定》)、2013 年发布的《征信业管理条例》、2013 年修订的《中华人民共和国消费者权益保护法》(以下简称《消费者权益保护法》)、2017 年实施的《中华人民共和国民法总则》(以下简称《民法总则》)与《中华人民共和国网络安全法》(以下简称《网络安全法》)、2019 年通过的《儿童个人信息网络保护规定》等。

② 参见王成:《个人信息民法保护的模式选择》,载《中国社会科学》2019 年第 6 期,第 124 页。

规定,隐私与个人信息之间并无明确的界限。

放眼域内外立法,其均未妥善解决个人信息与隐私之间的明确界分问题,主要原因在于:互联网、云计算、大数据等高新技术的发展,催生出数字经济、信息经济、网络经济等新兴产业,个人信息与隐私的保护无疑成为现代社会所面临的新挑战,而法律还未对此挑战做好充足的应对。[①]自党的十九大报告首次采纳数字经济概念以来,[②]信息技术与数字经济的发展催生了我国民法体系中的隐私权与个人信息保护制度。当今,我国已成为全球数字经济第二大国。党的二十大报告强调,"加快发展数字经济,促进数字经济和实体经济深度融合,打造具有国际竞争力的数字产业集群"。信息技术与数字经济的新发展势必会对我国现有民法中的隐私权与个人信息保护制度带来新的冲击,促进其进一步发展。在信息技术与数字经济的冲击下,个人信息与隐私的保护首当其冲,个人信息与隐私的利用问题亦不能置身事外。以《民法典》与《个人信息保护法》为基础,综合其他相关规定及文件,隐私权与个人信息保护在理论上形成了截然分立的体系。但随着信息技术的进步与数字经济的发展,个人信息的流通、利用方式日新月异,早已演变出此前难以预料的形式。"从传统隐私权保护到个人信息保护,权利性质发生了质的转变。"[③]隐私权保护的消

---

① 参见王利明:《论个人信息权的法律保护——以个人信息与隐私权的界分为中心》,载《现代法学》2013 年第 4 期,第 64 页。

② 参见《习近平:决胜全面建成小康社会　夺取新时代中国特色社会主义伟大胜利——在中国共产党第十九次全国代表大会上的报告》,载共产党员网,https://www.12371.cn/2017/10/27/ARTI1509103656574313.shtml,最后访问日期:2022 年 9 月 13 日。

③ 丁晓东:《个人信息保护:原理与实践》,法律出版社 2021 年版,第 21 页。

极防御性规定无法适应个人信息流通、利用的需求。在消极防御性规定外，个人信息保护亟待积极利用性规定的加持。面对海量的信息，如何从中分辨出隐私、敏感个人信息以及一般个人信息，进而予以分别保护是关键所在。在实践中，仅靠《民法典》第1032条、第1034条以及《个人信息保护法》第4条、第28条就隐私、个人信息、敏感个人信息所作的定义难以明确界分上述三者。首先，以现行法为基础，综合考量学界现有观点，划定隐私、敏感个人信息与一般个人信息的"楚河汉界"实属必要。其次，在明确隐私、敏感个人信息以及一般个人信息界限的基础上，不同类型个人信息保护模式的选择问题随之而来。现行法虽已就不同类型的个人信息保护模式进行规定，但仍流于形式。受制于《民法典》第1032条第2款、第1034条第3款、《个人信息保护法》第28条第2款，不同类型个人信息的保护模式之间存在交叉，如何适用存在争议。在分辨不同类型个人信息的基础上，协调现有规定，找准症结，对症下药乃当务之急。最后，伴随着数字经济的发展，个人信息如何"交易"流通已成为了一个热点问题。但在数据权的性质与归属、流通配套的隐私与个人信息保护规则等关键问题上尚未达成广泛共识。在数字经济发展如火如荼的当下，原有的个人信息流通规则恐难适应层见叠出的新需求。在个人信息流通的过程中，除隐私权、个人信息权益外，是否存在数据权，数据权的主体是谁，数据权的客体为何，数据权的内容是什么等问题引起学界的广泛热议，至今仍无定论。面对数字经济发展与隐私、个人信息保护之间的矛盾，"数据二十条"第1条指出，应当"以维护国家数据安全、保护个人信息和商业秘密为前提，以促进数据合规高效流通使用、赋能实体经济为主线，以数据产权、流通交易、收益分配、安全治理为重点，深入参与国际高标准数字规则制定"。以此为指引，顺应数字经济蓬勃发展的浪潮，整合隐私权及个人信息保护的现有规定，类型化分析个人信息的保护模式及流通规则，梳理个人信息与数据保护规则的立法取向，把握个人信息与数据保护规则的发展趋势，兼顾信息安全与经济发展两大需求，助力我国数字经济等新兴产业发展乃完善隐私与个人信息法律制度的当然依循。

# 第一章　隐私、个人信息与数据区分保护的法律困境

网络技术、信息技术及人工智能技术催生出互联网经济、数字经济、智能经济等产业，昭示着工商时代的结束与数字时代的到来。与此同时，"信息技术飞跃发展所带来的巨大进步和增益空间，已成为个人权利、社会权力与政府权力之间同步扩张、博弈增长的广阔'飞地'"[①]。个人权利与社会权力、政府权力间的矛盾隐含于隐私与个人信息的保护与利用之中，并对我国"以知情同意为原则、以人格权为保障、以私密信息为交叉"的现有隐私权与个人信息保护制度带来巨大冲击。此外，数字时代中不断聚合的个人信息呈现出众多形式——信息、数据、隐私等，如何对三者进行区分保护，有待明确。具体而言，如何在挖掘数据价值的同时，保护好数据安全，尤其是涉及个人信息和隐私的数据，是当下亟须解决的问题。受制于数字经济下获取信息的高需求以及信息

---

① 马长山：《智慧社会背景下的"第四代人权"及其保障》，载《中国法学》2019 年第 5 期，第 6 页。

流通的高效性,信息、隐私被不加区分地予以收集、处理,直接导致个人信息与隐私间的边界愈发模糊。随着海量的信息涌入市场,原先因不具有识别性而被排除于个人信息之外的信息不断重组、集合,而取得了识别自然人的能力。与此同时,数字经济下,出现了既不属于个人信息,亦不属于隐私的信息形式,信息主体、信息处理者以及社会公众均对其主张权利,造成了数字经济市场的混乱。如何协调信息、隐私及数据之间的保护与利用关系,平衡信息主体与信息处理者之间的利益,乃数字经济发展的必经之路。

## 一、个人隐私信息化之弊

数字经济已经成为我国经济增长的核心动力,发展数字经济已成为我国的战略选择,构建适应于数字经济发展的法律框架和治理体系势在必行。然而,我国现行法尚未全面满足促进数字经济发展的功能需求。数据经济发展进程中,法律制度之间抵牾频现,如个人隐私信息化引发的系列问题。个人隐私信息化意指在数字经济发展过程中,受隐私权由消极防御向积极行使转向的影响,个人隐私呈现出去私密性、取得识别性的趋势。个人隐私信息化发轫于数字经济下个人对隐私权保护诉求和企业对私密信息利用需求之间的矛盾,是当前我国隐私权保护所面临的重要问题。在数字经济发展的推动之下,个人隐私信息化的弊端逐渐凸显,包括:个人隐私与个人信息的边界愈发不明、私密信息的属性难以界定、隐私权与个人信息保护存在法律适用上的冲突与竞合。在兼具私密性与识别性的私密信息之上,上述问题显得尤为突出和尖锐。隐私与个人信息的边界不明表现为私密信息难以界定,隐私权与个人信息保护的法律适用冲突与竞合则表现为私密信息保护的法律适用冲突与竞合。这些问题诞生于数字经济,又反作用于数字经济,成为阻碍数字经济快速发展的主要障碍之一。

### 1. 个人信息与隐私的边界不明

1890 年,沃伦和布兰代斯在《哈佛法律评论》发表的《论隐私权》一文中将隐私界定为一种"免受外界干扰的、独处的"权利。①之所以称之为隐私,在于其显著的实不为人知、不欲为人知的私密性特质。"隐"的本义为隐蔽、隐藏,也即私人生活或私人信息不愿为他人知晓、不愿向社会公开。"私"的涵义在于与他人权益、公共利益等无关的个人私密、私生活。②《民法典》第 1032 条第 2 款规定,隐私包括不愿为他人知晓的私密信息。王利明教授认为,"隐私主要是一种私密性的信息或私人活动"③。关于个人信息的界定,个人信息是以电子或者其他方式记录的能够单独或者与其他信息结合识别特定自然人的各种信息(《民法典》第 1034 条第 2 款),包括个人姓名、住址、出生日期、身份证号码、医疗记录、人事记录等单独或与其他信息对照可以识别的特定的个人信息。④"识别性(identifiability)是各国个人数据立法例中对个

---

① See Warren, Samuel. Louis Brandeis. "The Right to Privacy." *Harvard Law Review* 4.5(1890):193.

② 参见王利明:《人格权法》(第四版),中国人民法学出版社 2022 年版,第 372 页。

③ 王利明:《论个人信息权的法律保护——以个人信息权与隐私权的界分为中心》,载《现代法学》2013 年第 4 期,第 66 页。

④ 参见张新宝:《从隐私到个人信息:利益再衡量的理论与制度安排》,载《中国法学》2015 年第 3 期,第 38 页。

人数据加以界定的关键标准。"①例如，欧盟认为个人信息是指
"与已识别或可识别的自然人有关的任何信息"，②德国《联邦数
据保护法》把个人数据定义为"任何关于一个已识别的或者可识
别的个人的私人或者具体状况的信息"，③英国认为个人信息是
"可以识别在世个人的数据"。由此观之，隐私与个人信息的不同
之一即是对私密性与识别性的侧重。这也直接为隐私与个人信
息保护机制的构建提供了指引：隐私因私密性而重在保护；个人
信息因识别性而重在流通。此外，从表现形态看，个人信息的形
态是"信息"，而隐私的形态则不限于信息形态，还包括私人生活
安宁、私密空间、私密活动；从利益相关主体看，隐私具有个体性，
与他人权益或公共利益无关，而个人信息和国家利益及公共利益
密切相关。④

　　在个人隐私信息化的过程中，非法获取隐私的常态化、大量
隐私的集合化以及去匿名技术的飞速发展使得上述判别标准逐
渐失效，进而促使本就难以界定的私密信息愈发模糊。近年来，
西方学者已共识性地认识到隐私控制论或信息自决权均面临着
大数据的挑战。⑤作为个人隐私信息化的开端，非法获取隐私的

① 程啸：《论大数据时代的个人数据权利》，载《中国社会科学》2018年第3期，第107页。
② See General Data Protection Regulation, Article 4(1).
③ 参见《德国联邦数据保护法》第3节第(1)条。
④ 参见高志宏：《隐私、个人信息、数据三元分治的法理逻辑与优化路径》，载《法制与社会发展》2022年第2期，第209页。
⑤ See Herrmann, Michael, et al. "Privacy in Location-Based Services: An Interdisciplinary Approach." *SCRIPTed* 13(2016):144; Eskens, Sarah. "The personal information sphere: An integral approach to privacy and related information and communication rights." *Journal of the Association for Information Science and Technology* 71.9(2020):1116-1128.

常态化导致隐私的私密性受到前所未有的威胁。《App 违法违规收集使用个人信息监测分析报告》显示，"2 万中小应用样本在同意隐私政策前将用户安卓 ID 等信息上传至云端服务器，4.4 万中小应用样本没有向用户提供明确的隐私政策拒绝选项"①。部分App 未征得用户同意即收集隐私的违法行为屡禁不止，信息超采、权限滥用、数据外传等违规获取用户隐私的事件频发，造成非法获取隐私的常态化。同时，非法获取隐私的常态化致使大量隐私呈现出集合化的趋势。这极大地增加了此前不具有识别性的隐私获得可识别特定自然人的特质，从而增加其向个人信息转化的可能性。张建文教授指出，受制于匿名化处理的场景性与动态性，"个人信息经匿名化处理后仍然存在与其他信息相结合或者在新的技术条件下识别特定个人的可能性，即匿名化处理的再识别风险"②。在"淘宝（中国）软件有限公司诉安徽美景信息科技有限公司不正当竞争纠纷案"③中，法院认为，不具备识别性的行为痕迹信息与标签信息因其包含用户个人偏好等敏感个人信息，容易与特定主体发生对应联系，会暴露其个人隐私或经营秘密。诸如此类的案件不胜枚举。④此外，"随着计算能力的不断提高和数据量的不断增加，AI 技术崛起，进而使得曾经的匿名数据去匿

---

① 《App 违法违规收集使用个人信息监测分析报告》，载互联网国家应急中心网，https://www.cert.org.cn/publish/main/upload/File/APP%20abusing%20report.pdf，最后访问日期：2022 年 9 月 28 日。
② 张建文、程海玲：《"破碎的隐私承诺"之防范：匿名化处理再识别风险法律规则研究》，载《西北民族大学学报（哲学社会科学版）》2020 年第 3 期，第 77 页。
③ 参见浙江省杭州市中级人民法院（2018）浙 01 民终 7312 号民事判决书。
④ 参见浙江省杭州市中级人民法院（2018）浙 01 民终 7505 号民事判决书。

名化,成为个人数据"①。去匿名化(De-anonymization)是指"一种数据挖掘策略,其中匿名数据和其他数据来源相互对照来重新识别匿名的数据来源"②。去匿名化作为新兴的技术,在隐私、个人信息处理的过程中被大量运用。据《纽约时报》2011 年 11 月 10日《医生纪律处分数据库被恢复》一文报道,美国的新闻机构将可识别的法庭文件与全国医生纪律处分数据库联系起来,以批评纪律委员会。同时,新闻机构的记者将那些已知的长期涉嫌渎职的医生的身份、纪律处分等"去识别"数据进行了重新识别,完成了数据的去匿名化。③故,在非法获取隐私常态化的当下,大量隐私呈现出集合化态势,直接导致了隐私的私密性丧失。在此基础上,去匿名化技术的产生与发展将匿名化隐私的再识别风险推向了意想不到的高度。通过与其他信息相结合使匿名化的隐私又取得识别性,这正是大量匿名化隐私呈现出集合化趋势带来的现实挑战。大量隐私呈现出的集合化趋势使此前不具有识别性的隐私取得识别特定自然人的可能,由此个人隐私向个人信息的转变无从避免。以"秘密理论"为基础构建起的私密性与识别性的区分标准,难以明晰个人隐私与个人信息的边界,亦难以界定特定场景下私密信息的属性。故此,完善个人隐私界定的基础理论乃当务之急。

---

① David Kappos and Asa Kling. "Ground-Level Pressing Issues at the Intersection of AI and IP." *Columbia Science and Technology Law Review* 22.2(2021):274.

② 王英:《若干国家或地区图书馆协会隐私政策的纵向分析》,载《图书馆理论与实践》2020 年第 4 期,第 33 页。

③ Yakowitz, Jane. "Tragedy of the Data Commons." *Harvard Journal of Law & Technology* 25.1 (2011):37.

### 2. 私密信息的属性难以界定

程啸教授认为,隐私与个人信息在"私密信息部分存在重叠交叉"[①]。故,有观点认为,个人隐私与个人信息的边界问题亦即私密信息的界定问题,其实不然。如前所述,区分个人隐私与个人信息的目的在于明确个人隐私与个人信息的边界。作为个人隐私与个人信息互动关系的重要一环,私密信息与个人隐私、个人信息的关系始终没有予以明晰。在此问题上,《民法典》(第1032条第2款、第1034条第3款)亦持模棱两可的态度。以此为前提,学界就私密信息与个人隐私、个人信息之关系的讨论经久不息,至今仍无定论。多数学者认为,因"个人信息和隐私都具有信息的交互性",[②]作为处于二者之间的私密信息兼具隐私的私密性特征与个人信息的可识别性特征。正是由于私密信息具有双重属性,程啸教授指出,"私密信息既可以受到隐私权的保护,也可以适用个人信息保护的规则"[③]。在私密信息与个人隐私、个人信息关系的问题上,根据《民法典》第1032条第2款的规定,私密信息属于隐私毋庸置疑。私密信息与个人信息的关系认定则突出表现在私密信息与敏感个人信息关系的厘清之上。对此,胡文涛教授认为,界定敏感个人信息,须"综合数据处理的情境、目的等因素来判断信息是否敏感",[④]着眼于敏感个人信息的敏感性。可见,相较于一般个人信息而言,《个人信息保护法》就

---

① 程啸:《论个人信息权益与隐私权的关系》,载《当代法学》2022年第4期,第60页。
② 王利明:《和而不同:隐私权与个人信息的规则界分和适用》,载《法学评论》2021年第2期,第16页。
③ 程啸:《论我国民法典中个人信息权益的性质》,载《政治与法律》2020年第8期,第12页。
④ 胡文涛:《我国个人敏感信息界定之构想》,载《中国法学》2018年第5期,第245页。

敏感个人信息保护作出特别规定的原因在于，敏感个人信息因"容易导致自然人的人格尊严受到侵害或者人身、财产安全受到危害"而具有敏感性。以此为前提，张新宝教授认为，"个人敏感隐私信息是指关涉个人隐私核心领域、具有高度私密性、对其公开或利用将会对个人造成重大影响的个人信息"①。强调敏感个人信息必然具有高度私密性，私密信息与敏感个人信息实为一体。不愿意公开和不愿意被人知晓的客体内容本身就具有强识别性，如身体隐私等生物性识别隐私和住宅、通信秘密等社会性识别隐私。现代生物科技的迅速发展使强识别内容的范畴逐渐扩大，包括基因鉴定、人脸识别、行踪轨迹确认等。当这些具有强识别性的个人隐私以信息的形式出现时，即被称为敏感个人信息。②与此相反，程啸教授认为，私密信息和非私密信息、敏感信息与一般信息的两种划分方式各有侧重，规范目的存在明显的区别。但程啸教授同时也承认，敏感个人信息与私密信息之间存在交叉关系。③许可副教授则认为，"从《民法典》观察，隐私与个人信息在事实上形成了一种交叉、嵌套关系"④。针对私密信息与敏感个人信息的关系，学界尚未达成共识，形成了同一说、交叉说等学说。综上，正因私密信息与敏感个人信息、隐私之间的复杂关系，致使私密信息的法律属性至今未能辨明，从而导致司法实务中私密信息的保护究竟采用隐私权保护路径抑或是个人信息

① 张新宝：《从隐私到个人信息：利益再衡量的理论与制度安排》，载《中国法学》2015 年第 3 期，第 51 页。
② 王秀哲：《"隐"与"私"流变中的信息隐私权》，载《河北法学》2022 年第 11 期，第 69 页。
③ 参见程啸：《个人信息保护中的敏感信息与私密信息》，载《人民法院报》2020 年 11 月 19 日第 5 版。
④ 许可、孙铭溪：《个人私密信息的再厘清——从隐私和个人信息的关系切入》，载《中国应用法学》2021 年第 1 期，第 11 页。

保护路径尚无定论。为厘清私密信息、个人隐私、个人信息三者之间的关系,明确私密信息的属性特征是关键一环。只有在明确私密信息属性特征的基础上,私密信息的界定问题、保护路径的选择问题方能迎刃而解。

**3.隐私权与个人信息保护存在法律适用上的冲突与竞合**

《民法典》与《个人信息保护法》颁布以后,隐私权侵权案件呈现高发态势。受科技发展的影响,隐私权侵权的范围、程度都呈现出前所未有的广度与深度。2022年8月,上海随申码泄漏事件曝光,一时掀起轩然大波。据新浪网报道,有4850万用户的数据,包括用户姓名、手机号码、身份证号、随申码的颜色、UUID(通用唯一识别码)存在泄露的风险。[①]此外,中信银行客户个人信息泄漏、[②]淘宝用户信息泄漏等事件层出不穷,[③]私密信息的泄漏屡见不鲜。关于如何保护私密信息,《民法典》第1034条第3款作出了具体规定。回溯该条文的前身,《中华人民共和国民法典人格权编(草案四审稿)》第1034条第3款规定,"个人信息中的私密信息,同时适用隐私权保护的有关规定"。这是在隐私权与个人信息之间人为制造法条竞合的立法技术,将会给法律适用带来极大的困扰,因为法条竞合通常是立法者所

---

① 《上海随申码数据泄露,4850万居民信息存在泄露风险》,载新浪网,http://k.sina.com.cn/article_5943880432_162486af0001014syr.html?sudaref=www.baidu.com&display=0&retcode=0,最后访问日期:2022年9月28日。

② 《池子个人信息被泄露处罚结果公布:中信银行收银保监会450万元罚单》,载央广网,https://baijiahao.baidu.com/s?id=1694657363067059897&wfr=spider&for=pc,最后访问日期:2022年9月28日。

③ 《近12亿电商用户信息被泄露:平台该担何责?数据爬取使用亟需规范》,载新浪财经网,https://baijiahao.baidu.com/s?id=1703359369073134541&wfr=spider&for=pc,最后访问日期:2022年9月28日。

竭力避免的"噩梦"。①2020 年颁布的《民法典》第 1034 条第 3 款中的"同时适用隐私权保护的规定"被替换为"现行的二阶递进适用模式"②。然,"《民法典》关于私密信息的法条竞合模式未能厘清二者的本质及功能差异"③,此种更改并未妥善解决私密信息保护的法律冲突与竞合问题,私密信息应受到何种保护尚不明确。以此为前提,目前学界存在如下两种观点:一种观点认为以隐私权的相关规定保护私密信息,事实上采取的是"强保护"模式,④"私密信息则优先适用隐私权规定"⑤。另一种观点认为,较之于隐私权保护模式,个人信息权益保护模式的强度更大、效果更好,⑥尤其是通过敏感个人信息保护私密信息。两种观点均站在私密信息保护的某些角度或侧面,以凸显隐私权或个人信息权益保护私密信息的优势。力争展示其对私密信息的"强保护"姿态,契合私密信息兼具隐私与个人信息的双重属性,值得肯定。但是,上述观点中的任何一种保护模式的理论支撑,都必将成为另一种保护模式的"软

---

① 参见石佳友:《人格权立法完善的最后契机——评民法典人格权编(四审稿)草案》,载王利明、石佳友主编:《人格权立法的中国思考》,中国人民大学出版社 2020 年版,第 468 页。

② 参见石佳友:《隐私权与个人信息关系的再思考》,载《上海政法学院学报(法治论丛)》2021 年第 5 期,第 96 页。

③ 石佳友:《隐私权与个人信息关系的再思考》,载《上海政法学院学报(法治论丛)》2021 年第 5 期,第 81 页。

④ 参见张新宝:《个人信息收集:告知同意原则适用的限制》,载《比较法研究》2019 年第 6 期,第 6 - 7 页。

⑤ 王苑:《个人信息保护在民法中的表达——兼论民法与个人信息保护法之关系》,载《华东政法大学学报》2021 年第 2 期,第 79 页;石佳友:《隐私权与个人信息关系的再思考》,载《上海政法学院学报》(法治论丛)2021 年第 5 期,第 96 页;王利明:《论〈个人信息保护法〉与〈民法典〉的适用关系》,载《湖湘法学评论》2021 年第 1 期,第 27 页;王利明:《人格尊严:民法典人格权编的首要价值》,载《当代法学》2021 年第 1 期,第 11 页;叶金强:《〈民法总则〉"民事权利章"的得与失》,载《中外法学》2017 年第 3 期,第 651 页。

⑥ 参见吕炳斌:《个人信息权作为民事权利之证成:以知识产权为参照》,载《中国法学》2019 年第 4 期,第 50 页。

肋"。值得注意的是,两种保护模式皆建立在一个前提预设之上——私密信息与敏感个人信息有明确的区分标准。学界已经对该标准的构建进行了大胆尝试,如交叉重合说①、独立区分说和私密信息覆盖说②等,仍难达成共识。所以两种保护模式难分高下,至今尚未盖棺定论。

## 二、个人信息整体化之殇

在个人信息整体化的趋势下,自然人的个人信息被轻而易举地聚合。大数据和算法能越来越精确地刻画出用户画像,从而构建起抽象的数字人格。由此产生的数字人格将信息主体降格为"物",信息主体仰赖数字人格这一"身份证",方能在数字社会中行动。部分学者认为,若人格权被物化,则人将毫无尊严可言。③由此引发三个问题:一是个人信息可识别性标准失效;二是知情同意规则的适用难以为继;三是个人信息的保护与利用失衡。

### 1. 个人信息可识别性标准失效

可识别性作为判断个人信息构成与否的关键,自其被提出以来,即被各国奉为圭臬。早在 1995 年,由欧洲议会和欧盟理事会

---

① 参见程啸:《个人信息保护中的敏感信息与私密信息》,载《人民法院报》2020 年 11 月 19 日,第 5 版。

② 参见房绍坤、曹相见:《论个人信息人格利益的隐私本质》,载《法制与社会发展》2019 年第 4 期,第 108 页。

③ 冯嘉荟:《物权的人格化还是人格权的物化?——黑格尔论人格、人格权和物权》,载《北京社会科学》2020 年第 5 期,第 120 页。

发布的《关于涉及个人数据处理的个人保护以及此类数据自由流动的指令》第 2 条(a)项规定,"'个人数据'是指与一个身份已被识别或者身份可识别的自然人(数据主体)相关的任何信息"。随后,《关于个人数据自动化处理之个人保护公约》第 2 条 a 项、《法国数据处理、数据文件及个人自由法》第 2 条第 2 款、《德国联邦数据保护法》第 3 节第(1)条、《通用数据保护条例》第 4 条第(1)项、《加州消费者隐私法》等均明确识别性标准是认定个人信息的重要标准。受域外法影响,我国于 2020 年 5 月 28 日通过的《民法典》第 1034 条第 2 款以可识别性定义个人信息。2021 年 8 月 20 日通过的《个人信息保护法》第 4 条亦作出相似规定。在"王某诉深圳市腾讯计算机系统有限公司个人信息保护纠纷案"[1]中,法院认为,受法律保护的个人信息核心要件在于"可识别性"。判断相关信息是否具有"可识别性",要综合考量识别场景、识别主体、识别效果、识别作用四个要素。可见,识别性是个人信息的重要属性。识别意味着区分和辨认;身份识别标准意味着存在区分和指向特定自然人的可能性。[2]处理个人信息以产生经济价值正构建于此种区分和指向特定自然人的可能性之上。然而,看似无所不包的可识别性标准下,却暗潮涌动,主要包括如下问题:一是可识别性标准的抽象性致使个人信息的外延与内涵模糊不清。如前所述,可识别性标准是指能够识别特定自然人的标准。何为识别?各国立法均未明确说明。"许多国家与地区的法律实践也

①　参见广东省深圳市中级人民法院(2021)粤 03 民终第 9583 号民事判决书。
②　参见高富平:《个人信息保护:从个人控制到社会控制》,载《法学研究》2018 年第 3 期,第 93 页。

就没有积极尝试严谨、精确地规定身份识别标准的内涵,而是在对身份识别标准的内涵进行一定程度抽象阐释的同时,从外延方面着手界定个人信息保护的具体范围。"①"可识别性"指向的是一种相对的概率,即识别某种信息与特定自然人相关的相对可能性,存在从零风险到必然被识别的模糊范围。②如在"孙某某等侵犯公民个人信息案"③中,法官认为,虽然手机号本身不具有对特定自然人的可识别性,但通过手机号衍生的其他信息能够关联特定自然人,故可将其纳入个人信息中。这种回溯的认定思路正是个人信息的边界模糊导致的。④因此,在抽象的个人信息可识别性标准无法具化的前提下,个人信息可识别性标准的抽象性与实践中具化个人信息的要求之间的冲突难以弥合。二是具有动态性的可识别性标准在司法实务中往往因案而异。以短信为例,在"孟某、中国太平洋人寿保险股份有限公司安阳中心支公司等隐私权纠纷案"⑤中,法院认为,"根据短信内容不能够识别出特定自然人为原告,所以同样不属于个人信息保护的范畴",故将短信排除在个人信息之外。在"刘瑞博与乐元素科技(北京)股份有限公司隐私权纠纷案"⑥中,法院则认为,"涉案 App'天天消消乐'用户的个人位置信息、通讯录信息、个人短信等均属于个人信息的

① 苏宇、高文英:《个人信息的身份识别标准:源流、实践与反思》,载《交大法学》2019 年第 4 期,第 58 页。
② See N. Purtova, The Law of Everything, Broad Concept of Personal Data and Future of EU Data Protection Law, 10 *Innovation and Technology* 44(2018):42.
③ 参见天津市河北区人民法院(2017)津 0105 刑初 355 号刑事判决书。
④ 参见杨楠:《个人信息"可识别性"扩张之反思与限缩》,载《大连理工大学学报(社会科学版)》2021 年第 3 期,第 102 页。
⑤ 河南省安阳市文峰区人民法院(2021)豫 0502 民初 3834 号民事判决书。
⑥ 北京市第一中级人民法院(2020)京 01 民终 8911 号民事判决书。

范畴,依法受到保护"。可见,在可识别性标准动态性的影响下,个案中个人信息的构成与否具有不确定性。三是可识别标准的滞后性导致信息的结合性识别问题。随着信息技术迭代演进,一方面,数据挖掘与数据分析技术不断突破去识别技术的防御,匿名化信息的再识别风险处于不断扩大的趋势之中。另一方面,如果大量结合可识别的信息,也会使得去识别化的信息重新成为可识别信息。①在去识别之后,结合其他个人信息进行技术分析,数据挖掘者可以实现信息的再识别。受制于可识别性标准的抽象性、动态性与滞后性,可识别性标准下的个人信息判定难以为继。如何在现行法律规定的可识别性基础上,完善个人信息的认定标准是个人信息保护的重要前提。

### 2. 知情同意规则适用难以为继

数字经济下,大量聚合的个人信息呈现出整体化的趋势。个人信息整体化将此前举足轻重的可识别性标准打落"神坛"。此外,作为个人信息处理的正当性基础,知情同意规则亦受到前所未有的冲击与挑战。早在 1980 年经济发展与合作组织(OECD)颁布的《有关隐私权保护及个人数据跨国流通的准则》中就有规定,个人数据的收集应当合法、公正,并取得当事人的同意。随后,欧洲议会和欧盟理事会于 2001 年通过的《个人数据保护指令》第 5 条(d)项规定,数据主体已经明确作出同意表示的,数据处理者可以处理个人数据。次年,欧洲议会和理事会通过的《隐

---

① 参见孙南翔:《论作为消费者的数据主体及其数据保护机制》,载《政治与法律》2018 年第 7 期,第 21 页。

私与电子通讯指令》亦将知情同意视为处理个人信息的合法性基础。《通用数据保护条例》第 6 条第 1 款(a)项沿袭了此前的规定,数据主体同意为一个或多个特定目的而处理其个人数据的,数据处理合法。在《通用数据保护条例》的指导下,欧盟成员国纷纷制定或修改本国的个人数据保护法律。以英国为例,其在《通用数据保护条例》颁布后制定了《2018 数据保护法案》(Data Protection Act 2018)。该法在第 35 条"第一数据保护原则"中明确数据主体的同意是处理个人数据的合法性基础。其他欧洲国家如德国、法国等也均在个人数据保护法律中对知情同意规则作出了具体规定。①受域外个人信息保护立法的影响,我国《民法典》(第 1035 条第 1 款第 1 项)与《个人信息保护法》(第 13 条第 1 款第 1 项、第 14 条第 1 款)同样将知情同意作为信息处理的合法性基础。在此基础上,齐爱民教授认为,对个人信息保护而言,知情同意原则具有"帝王条款"的意义,恰如诚实信用原则在民法中的地位。②然而,在数字经济的带动下,信息技术、数字技术飞速发展,知情同意规则日渐式微。部分学者指出,大数据给知情同意规则带来诸多挑战,包括:信息处理者获得同意的难度加大、知情同意的成本上升、信息主体同意能力欠缺、知情同意阻碍大数据利用,进而导致知情同意规则的虚化与异化。③知情同意的局限性愈发

---

① 参见任龙龙:《论同意不是个人信息处理的正当性基础》,载《政治与法律》2016 年第 1 期,第 127 页。
② 参见齐爱民:《信息法原论——信息法的产生与体系化》,武汉大学出版社 2010 年版,第 58 页。
③ 参见田野:《大数据时代知情同意原则的困境与出路——以生物资料库的个人信息保护为例》,载《法制与社会发展》2018 年第 6 期,第 117 - 119 页。

明显,具体表现在如下几个方面:第一,信息主体同意的真实性难以保证。大数据时代海量信息的涌入导致同意的内容并不清晰,个人难以预知信息处理的目的。[1]研究表明,用户仅阅读一年中所使用的网络服务的隐私政策就需要花费 224 个小时,[2]因此,要求信息主体认真阅读每条隐私政策的要求既不合理也不可能。在此基础上,信息主体知情的真实性大打折扣。第二,知情同意规则日渐异化成为信息处理者的免责手段。信息主体与信息处理者之间的权利义务设置并不平等,导致信息处理者通过知情同意规则逃避责任和义务。[3]现实世界中用户若想要正常生活,往往别无选择,只能给予同意以享受相应的服务。这种同意往往并非个人自主、自决的表达,只是一种"虚假的形式"。[4]此时信息处理者将利用信息主体的弱势地位,将知情同意规则异化成法律上的免责手段。第三,知情同意规则过分强调信息的个人属性,阻碍了信息的流通与互动,知情同意规则是侧重于对信息所附着的信息主体人格尊严及自由利益的保护。然,个人信息本身也承载着公共利益和社会价值,[5]严苛的同意规则侵蚀了个人信息公共

---

① Alessandro Mantelero, "Regulating Big Data. The Guidelines of the Council of Europe in the Context of the EuropeData Protection Framework", *Computer Law & Security Review* 33.5 (2017):584.

② 参见范为:《大数据时代个人信息保护的路径重构》,载《环球法律评论》2016 年第 5 期,第 93 页。

③ Anca D. Chirita, "The Rise of Big Data and the Loss of Privacy: Towards a Holistic Approach? In book: Personal Data in Competition, Consumer Protection and Intellectual Property Law", *Springer Berlin Heidelberg* (2018):153 - 189.

④ Buchner Benedikt, Die Einwilligung im Datenschutzrecht-vom Rechtfertigungsgrund zum Kommerzialisierungsinstrument, *Datenschutz und Datensicherheit-DuD* 34(2010):40.

⑤ 参见高富平:《个人信息使用的合法性基础——数据上利益分析视角》,载《比较法研究》2019 年第 2 期,第 78 - 79 页。

性、社会性功能的运作。细究前述挑战，不难看出知情同意规则之所以难以适应数字经济的发展，原因在于现有的教条式知情同意规则难以契合个人信息处理的发展趋势。前已述及，个人信息的集合化是数字经济发展的重要面向之一。在个人信息集合化的趋势下，个人信息呈现出整体化的特征，散乱的、不具备识别功能的非结构性数据经过不断的挖掘、聚集、整合、共享，被轻易地还原为个人信息。当信息主体处于此种个人信息泄露的恐慌之中时，信息主体与信息处理者之间的信任关系被轻而易举地瓦解，知情同意规则被架空在所难免。对此，有学者指出，"形式大于实质、负外部性明显、背离个人信息社会属性的缺陷等驱使否定论者试图弱化甚至摒弃知情同意规则，因此有必要打破上述质疑，重塑知情同意规则的正当性"①。诚如大部分学者所述，"基于知情同意在传统社会交往领域的重要作用和对个人自治的充分尊重"，②断然否定知情同意规则在个人信息保护中的作用并不可取。如何完善现有的知情同意规则方为协调信息主体与信息处理者关系的关键所在。取知情同意规则之所长，补知情同意规则之所短乃是出路。

### 3. 个人信息的保护与利用失衡

个人信息整体化将此前举足轻重的可识别性标准束之高阁。各国立法纷纷寻求解决之道，我国亦不能置身事外。为保护信息

---

① 宁园：《个人信息保护中知情同意规则的坚守与修正》，载《江西财经大学学报》2020 年第 2 期，第 115 页。

② 王文祥：《知情同意作为个人信息处理正当性基础的局限与出路》，载《东南大学学报（哲学社会科学版）》2018 年 S1 期，第 142 页。

主体的人格权益,关联说应运而生。部分学者指出,"有关个人之信息并不仅限于与个人之人格或私生活有关者,个人之社会文化活动、为团体组织中成员之活动,及其他与个人有关联之信息,全部包括在内"①。个人信息与自然人的人格发展和社会面貌的塑造密切相关,对个人信息的保护实际上就是保护个人对其社会外观的自我控制,所以个人信息应包括与个人具有关联性的所有社会信息。关联说"指向以动态的、情境化的判断来把握个人信息保护范围"②。赞同该观点的学者认为,只有这样才能保证公开的个人形象完全符合本人的期望,从而保证人自主参与社会生活,以达至人格自由发展的最高目标。③英国《个人资料保护法》第1条即规定,个人资料是与一个活着的人有关的资料。香港《个人资料(私隐)条例》第2条亦作出相似规定。德国联邦宪法法院在著名的"人口普查案"中认为,任何个人信息都与当事人的人格发展相联系。④我国《个人信息保护法》第4条在《民法典》第1034条第2款的基础上,增加"与已识别或者可识别的自然人有关"之表述,在可识别性外强调个人信息的关联性。然,关联说自提出以来便颇受学界诟病。齐爱民教授认为,"此种定义方式认为将凡与个人相关联的信息均认定为个人信息……失之过宽"⑤。相较

---

① 范江真微:《政府信息公开与个人隐私之保护》,载《法令月刊》第52卷第5期。
② 梅夏英:《社会风险控制抑或个人权益保护——理解个人信息保护法的两个维度》,载《环球法律评论》2022年第1期,第12页。
③ 参见谢远扬:《〈民法典人格权编(草案)〉中"个人信息自决"的规范构建及其反思》,载《现代法学》2019年第6期,第138页。
④ BVerfGE 65, 1, 45.
⑤ 齐爱民:《大数据时代个人信息保护法国际比较研究》,法律出版社2015年版,第135-136页。

于识别说而言,关联说愈发抽象和难以界定,甚至可能囊括所有与信息主体相关的信息,造成个人信息范围的肆意扩张。这意味着此前基于可识别性标准认定为不属于个人信息的信息,因其与信息主体相关而被纳入个人信息的范畴。以行踪轨迹为例,单一的行踪轨迹信息难以直接识别具体的自然人。故,生产行车记录仪的商家在不以识别信息主体为目的的情况下,对行踪轨迹的记录并不属于个人信息的处理行为。反观关联说,过度强调个人信息与信息主体的关联性,导致无论信息处理者是否以识别特定自然人为目的,只要对与信息主体相关的任何信息进行处理的行为均可视为处理个人信息的行为。意图通过关联性标准明确个人信息边界的做法,面临着个人信息外延失于过宽的困境,进而窒碍个人信息的合理使用。这一方面会阻碍数字经济产业的发展,另一方面,模糊的边界也会导致法律保护本身流于形式。①此外,受制于知情同意规则,信息主体享有极大的主动权,足以掣肘个人信息的正当性处理。正如《个人信息保护法》第 14 条第 1 款与第 15 条第 1 款的规定,"基于个人同意处理个人信息的,该同意应当由个人在充分知情的前提下自愿、明确作出""基于个人同意处理个人信息的,个人有权撤回其同意"。首先,同意的撤回是一种可依信息主体单方意思表示使法律关系发生变动的形成权,仅需向信息处理者发出其欲撤回同意的意思表示即可产生效力。②其次,同意撤回的效果是使已经发生效力的意思表示归于

---

① Christine Hohmann-Dennhardt, Informationelle Selbstschutz als Bestandteil des Persönlichkeitsrechts, RDV 2008, 1(3).

② 参见万方:《个人信息处理中的"同意"与"同意撤回"》,载《中国法学》2021 年第 1 期,第 175 页。

消灭,直接禁止信息处理者对个人信息的后续处理行为。即以知情同意与撤回同意规则为基础构建的个人信息保护机制实现了以信息主体为主导的个人信息处理的授权闭环。以此为前提,过度保护信息主体人格权益在所难免。作为信息主体个人信息权益保护的对立面,促进个人信息合理使用同样是《个人信息保护法》的立法目的。信息分享或流通规则是个人信息作为生产要素进行资源化利用的关键。建立个人信息流通利用或再利用的渠道,是实现信息社会化的必经之路。①过分强调个人信息权益保护势必阻碍个人信息的利用与流通,进而阻碍数字经济、信息产业的进步与发展。习近平总书记在中国共产党第二十次全国代表大会上所作的报告中明确指出,要加快发展数字经济,促进数字经济和实体经济深度融合,打造具有国际竞争力的数字产业集群。数字中国的建设离不开数字经济的加持。面对当下如火如荼、蓬勃发展的数字经济产业,个人信息的高效率流动与利用成为关键。促进个人信息在全境自由流通,同时可以筑造防御国外数字经济竞争的高墙。在个人信息的边界无限制扩大以及信息主体主导作用不断加强的趋势下,"有必要对个人信息的合理使用进行探讨,构建衡平信息主体、信息处理者、第三人利益及公共利益的有效机制,实现个人信息保护与信息自由流动的良性互动"②。

---

① 参见高富平:《制定一部促进个人信息流通利用的〈个人信息保护法〉》,载《探索与争鸣》2020 年第 11 期,第 14 页。

② 杨显滨、麻晋源:《个人信息的民事法律保护与限度》,载《江海学刊》2021 年第 4 期,第 168 页。

### 三、个人信息数据资产化之惑

随着数据产业与数字经济的发展,个人信息数据资产化的趋势已势不可挡,企业纷纷对其投入了大量智力劳动成果所形成的数据资产主张权益,创设数据权已成为我国立法机关面临的重要议题。正如维克托·迈尔-舍恩伯格所说,大数据时代,对原有规范的修修补补已无法满足现有需求,不足以抑制大数据带来的风险,需要全新的制度规范,而非修改原有规范的适用范围。①国务院于2022年12月19日发布的"数据二十条"指出,"数据作为新型生产要素,是数字化、网络化、智能化的基础,已快速融入生产、分配、流通、消费和社会服务管理等各环节,深刻改变着生产方式、生活方式和社会治理方式。"相较于个人隐私信息化与个人信息整体化等个人信息发展进程中产生的现实问题,个人信息数据资产化问题更多是社会对数据确权的期许以及如何平衡隐私权、数据权以及个人信息权益保护以发展数字经济的前置性问题。若承认数据权概念,则面临信息与数据的界限尚不明晰及信息主体、信息处理者等不同主体"数据权"的权利类型与边界有待明确,以及如何在数据交易流通过程中兼顾个人信息与隐私保护等问题。妥善解决上述问题是构建具有可操作性的个人信息交易流通规则的首要前提。

#### 1. 信息与数据存在概念混用

审视域外立法,欧盟严格使用"个人数据(personal data)"一

---

① 参见[美]维克多·迈尔-舍恩伯格、肯尼思·库克耶:《大数据时代:生活、工作与思维的大变革》,盛杨燕、周涛译,浙江人民出版社2013年版,第219页。

词,并且法院肯定对个人数据的保护与个人隐私密切相关。[1]英法德等国家将"个人信息"和"数据"的概念混同使用,并统称为"数据"。[2]从我国立法现状看,对于个人信息的定义已经形成一个基本共识,即"与已识别或者可识别的自然人有关的各种信息"(《个人信息保护法》第 4 条)。相较之下,数据包含的范围较为广泛,个人信息和数据并不完全等同。[3]数据不仅包括承载个人信息的个人数据,还包括非个人的数据,如商业数据、公共数据等,故法律对于个人信息权益和数据权保护的侧重理应有所不同。尤其在资产化过程中,需结合个人信息与数据的不同特点,赋予主体不同的权利。

自个人信息概念进入我国本土至今,关于信息与数据、个人信息权益与数据权两对关系的讨论从未停歇,至今仍无定论。目光往返流转于实务界与理论界,个人信息数据资产化背景下,数据与信息这对概念的混用司空见惯。在北大法宝上,以"个人数据"为关键词进行全文检索,截至 2022 年 10 月 23 日共有 247 份民事裁判。其中,在《民法典》确立个人信息这一法律概念之后,仍有 42 个民事裁判使用个人数据这一表述,而不是个人信息。在"王某、深圳市腾讯计算机系统有限公司个人信息保护纠纷案"[4]中,法院认为,"在个人信息的处理中遵守必要性和诚信原

---

[1] Joined Cases C-92/09 and C-93/09 Volker und Markus Schecke and Eifert〔2010〕ECR I-11063, Judgment of the Court(Grand Chamber) of 9 November 2010, p.47.

[2] 参见齐爱民:《拯救信息社会中的人格:个人信息保护法总论》,北京大学出版社 2009 年版,第 77 页。

[3] 参见王磊、贡绍海:《数据竞争中的个人信息处理规则问题研究》,载《法律适用》2021 年第 12 期,第 38 页。

[4] 参见广东省深圳市中级人民法院(2021)粤 03 民终 9583 号民事判决书。

则的前提下使用和处理个人信息,实现个人数据权益保护与数据流动发展之间的平衡"。该判决并未明确区分个人信息与个人数据,而是将二者混为一谈。诸如此类的案件不胜枚举。在"北京淘友天下技术有限公司等与北京微梦创科网络技术有限公司不正当竞争纠纷上诉案""腾讯科技(深圳)有限公司等诉烟台通路网络科技有限公司等不正当竞争纠纷案"①中,法院亦提出"个人数据信息""个人数据权利"等概念,模糊信息与数据、个人信息权益与数据权的边界。在"淘宝(中国)软件有限公司诉安徽美景信息科技有限公司不正当竞争纠纷案"②中,法院认为,信息与数据是内容与形式的关系,同时指出大数据产品的价值在于用户信息内容,无法厘清大数据究竟是数据还是信息。可见,在司法实务中,信息与数据、个人信息权益与数据权概念的混用已成为常态。此种现象并不仅局限于司法实务中,亦蔓延至学术界。在知网上,以"个人信息"与"个人数据"为关键词对中文核心期刊进行检索,关于个人信息与个人数据的讨论于 2020 年频繁出现,在2021 年达到顶峰。在个人信息保护的研究中,不加辨析地混用个人信息与个人数据两个概念已成为普遍现象。有学者指出,"实际上,两者在具体内涵、权利话语等方面存在较为明显的差别,不应等同视之"③。以此为前提,我国学者纷纷就信息与数据之间的关系展开讨论,分为同一派和对立派。同一派的代表学者谢远扬博士认为,信息与数据在实质上并无不同,"这两者的区别

---

① 参见北京知识产权法院(2016)京 73 民终 588 号民事判决书;广东省深圳市中级人民法院(2019)粤 03 民初 1912 号民事判决书。
② 参见浙江省杭州市中级人民法院(2018)浙 01 民终 7312 号民事判决书。
③ 刘练军:《个人信息与个人数据辨析》,载《求索》2022 年第 5 期,第 151 页。

仅仅在于不同的表述角度"①。此外,齐爱民教授同样认为,信息和数据的差别并不显著,信息是数据反映的内容,而数据是信息的表现形式。②与此相对,对立派则指出,相较于个人信息而言,"企业等私营部门在生产经营过程中收集的数据,产生于私人投资,与个人信息有着千丝万缕的联系,其权属和利用规则具有复杂性"③。纪海龙副教授认为,"单纯的数据与个人信息具有本质区别",在三层划分标准下,单纯的数据属于符号层,而个人信息则指向内容层。④周斯佳博士认为,"数据与信息的关系是,信息是经过加工的数据,或者说,信息是数据经处理后的结果"⑤。上述争论产生的原因在于如下三点,一是我国在引入欧盟 personal data 概念的过程中,受制于译者的不同理解和价值取向,未就信息与数据的概念作出严格区分。我国数字经济正处于萌芽阶段,信息主体与信息处理者之间的矛盾尚不突出。故此,在关于个人信息保护的研究中,信息与数据并未截然二分。二是如王利明教授所言,个人信息与数据本就密不可分,个人信息收集利用的过程也是数据财产流转的过程。⑥三是自然科学研究成果中对"信息""数据"的严格区分,对二者法律概念的厘清产生了影响。在

① 谢远扬:《信息论视角下个人信息的价值——兼对隐私权保护模式的检讨》,载《清华法学》2015 年第 3 期,第 99 页。
② 参见齐爱民:《捍卫信息社会中的财产:信息财产法原理》,北京大学出版社 2009 年版,第 79 页。
③ 周樨平:《大数据时代企业数据权益保护论》,载《法学》2022 年第 5 期,第 159 页。
④ 参见纪海龙:《数据的私法定位与保护》,载《法学研究》2018 年第 6 期,第 72 页。
⑤ 周斯佳:《个人数据权与个人信息权关系的厘清》,载《华东政法大学学报》2020 年第 2 期,第 89 页。
⑥ 参见王利明:《数据共享与个人信息保护》,载《现代法学》2019 年第 1 期,第 47 页。

实际法律纠纷中,个人信息和数据的差别并非静态概念表述上的差异,而是关乎不同的诉求和裁判结果。"信息和数据区分的实际意义就在于可以帮助我们确定不同的法律问题类型,即是否属于'信息问题'或'数据问题'中的一种,并将不同类型法律问题的解决之道相互区分开来。"①在《民法典》与《个人信息保护法》颁布前,个人数据的表述屡见不鲜。随着数字经济的蓬勃发展,信息主体与信息处理者之间的利益衡量问题愈发尖锐。混用信息与数据这对概念在混淆"数据权利与个人信息保护"的同时,"无视企业的权利诉求,未能回应非个人数据权属问题"②。只有充分认识并且足够重视"数据"与"信息"的区别,才能在法律文本中对二者进行恰当的分类和规范,从而解决信息时代下数据赋权与数据规制的混乱状态。③信息与数据、个人信息权益与数据权的界分问题亟待解决。

### 2. 数据权的属性定位存疑

如前所述,个人信息数据资产化产生的首要问题是信息与数据的界限不明,具体表现为在司法实践与理论研究过程中对二者不加区分地混用。随着数字经济的发展,信息主体与作为信息处理者的企业之间的矛盾难以调和,个人信息数据资产化已势不可挡。面对信息主体与信息处理者之间的利益分配难题,亟待创设数据权与个人信息权益分庭抗礼,以实现信息主体与信息处理者

---

① 梅夏英:《信息和数据概念区分的法律意义》,载《比较法研究》2020 年第 6 期,第 154 页。
② 韩旭至:《数据确权的困境及破解之道》,载《东方法学》2020 年第 1 期,第 101 页。
③ 参见张红:《我国法律文本中的"数据":语义、规范及其谱系》,载《比较法研究》2022 年第 5 期,第 70 页。

之间的利益衡平。前已述及，数据概念所涵盖的范围较个人信息更广，既有包括"个人信息"的数据类型，也有不包括"个人信息"的数据类型。针对不具有特定"识别性"数据，为个人信息处理者创设数据权，有助于摆脱个人信息主体的过度"束缚"，从而促进个人信息数据的高效交易。在司法实务中，已有部分法院提出数据权益的概念。在"淘宝（中国）软件有限公司诉安徽美景信息科技有限公司不正当竞争纠纷案"①中，法院认为，"数据产品研发者应当遵循合法、正当、必要的原则，在严格履行对用户信息的安全保护义务，保障个人信息权利和网络安全的基础上，依法采集、使用各类数据信息，获得相应的数据权益"。此外，在"深圳市腾讯计算机系统有限公司等诉浙江搜道网络技术有限公司等不正当竞争纠纷案"②中，法院同样指出，"既要充分保障网络用户的合法权益，也要合理保护平台经营者数据权益和社会公共利益"。与此同时，学界就数据权亦存有否定论和肯定论之争。数据权否定论的代表观点认为，数据缺乏特定性、独立性、非财产性，不具备民事权利客体相关特征而不能成为民事权利的客体；③数据的利益主体显现出分散化、共享化特点，难以契合权利主体的确定性要义，数据权利难以实现。④数据权肯定论的观点则认为，"肯定数据权利之存在，阐明数据权利之内涵与特征是深刻理解大数

① 参见浙江省杭州市中级人民法院(2018)浙 01 民终 7312 号民事判决书。

② 参见浙江省杭州市铁路运输法院(2019)浙 8601 民初 1987 号民事判决书。

③ 参见梅夏英：《数据的法律属性及其民法定位》，载《中国社会科学》2016 年第 9 期，第164 页。

④ 参见张阳：《数据的权利化困境与契约式规制》，载《科技与法律》2016 年第 6 期，第 1096 页。

据交易的本质、为大数据交易设定相应的行为规范与法律责任的前提"①。"现有理论倾向于在私法上通过赋予个人或企业某种'数据权利'来建立数据归属和利用秩序。"②由此可见,无论是司法实务还是理论研究,部分法院与学者承认网络平台经营者等信息处理者享有一定的数据权益。对此,国务院于 2022 年 12 月 19 日发布的"数据二十条"第 7 条予以证实,规定"在保护公共利益、数据安全、数据来源者合法权益的前提下,承认和保护依照法律规定或合同约定获取的数据加工使用权"。以此为前提,若承认信息处理者对其投入大量智力劳动成果形成的数据产品和服务享有一定的数据权益,数据权的权属问题接踵而至。

目前学界针对数据权的权属问题主要有如下两种观点:一是知识产权说;二是财产权说。其中,知识产权说又分为著作权说与商业秘密说两个子学说。著作权说主张适用《中华人民共和国著作权法》第 15 条中有关独创性汇编作品的相关规定对企业数据予以保护。③此种观点的弊端在于,数据虽然具有一定的选择和编排方式,但其价值在于数据的巨量和混杂特质,而不是具有独创性的结构和编排。④商业秘密说则将大数据置于一个相对保护的状态,主张适用《中华人民共和国反不当竞争法》中有关商业

---

① 肖建华、柴芳墨:《论数据权利与交易规制》,载《中国高校社会科学》2019 年第 1 期,第 86 页。

② 梅夏英:《在分享和控制之间——数据保护的私法局限和公共秩序构建》,载《中外法学》2019 年第 4 期,第 845 页。

③ 参见林华:《大数据的法律保护》,载《电子知识产权》2014 年第 8 期,第 80 页。

④ 参见[美]维克多·迈尔-舍恩伯格、肯尼思·库克耶《大数据时代:生活、工作与思维的大变革》,盛杨燕、周涛译,浙江人民出版社 2013 年版,第 30 页。

秘密的规定对企业数据的利用与保护予以规制。[1]但商业秘密应当具有秘密性、价值性和保密性的基本特征,数据并不完全符合上述要求。[2]财产权说主张依据《民法典》第 127 条有关数据、网络虚拟财产的规定,将数据权视为一种新型的财产权进行保护。[3]前述主张互相驳斥,各有优劣,至今仍无定论。原因在于数据种类具有高度多样性,不同数据的适用领域和经济价值或许完全不同,可以普遍适用于所有数据相关问题的抽象化规范是难以想象的。[4]数据权权属的确定是实现数据权周全保护的首要前提,亦是明确划分数据权与个人信息权益以平衡信息主体与信息处理者利益的重要条件。同时,数据权的权属问题也是数据流通与交易的前提,只有权属明晰,交易对象的价值方能彰显。数据权权属问题既是数字经济发展过程的核心问题,又是处理数据流动和数据保护的重要切入点。

### 3. 数据权保护法律规则缺失

在创设数据权,明确数据权权属的基础上,如何在数据流通、交易的过程中兼顾信息处理者的数据权以及信息主体的个人信

---

[1] 参见北京市海淀区人民法院(2015)海民(知)初字第 12602 号民事判决书;上海市高级人民法院(2006)沪高民三(知)终字第 92 号民事判决书;上海市高级人民法院(2011)沪高民三(知)终字第 100 号民事判决书。

[2] 参见梅夏英:《在分享和控制之间　数据保护的私法局限和公共秩序构建》,载《中外法学》2019 年第 4 期,第 851 页。

[3] 参见程啸:《论大数据时代的个人数据权利》,载《中国社会科学》2018 年第 3 期,第 121 页。

[4] Max Planck Institute for Innovation and Competition, "Arguments Against Data Ownership: Ten questions and answers", https://www.ip.mpg.de/fileadmin/ipmpg/content/forschung/Argumentarium-Dateneigentum_eng.pdf, last visited on 2nd February 2023.

息权益与隐私权,以协调信息处理者与信息主体利益的问题随之而来。根据《个人信息保护法》第四章、第五章关于"个人在个人信息处理活动中的权利"以及"个人信息处理者的义务"的相关规定,信息主体作为信息处理过程的主导者享有极强的主动权。以知情同意规则与信息主体享有的删除权为例,除《个人信息保护法》第13条第1款2至7项规定的特殊情形外,信息处理活动始于信息主体的知情同意,信息主体对此享有决定权。即使在信息处理者获得信息主体的同意而处理个人信息的过程中,依据《个人信息保护法》第15条第1款,信息主体亦可随时撤回同意。同意撤回后,个人信息处理者应当主动删除个人信息,信息主体也可依据《个人信息保护法》第47条第1款第3项请求信息处理者删除其个人信息。由此可见,在信息处理进程的开启与结束中,信息主体发挥了举足轻重的作用,个人信息人格权单边保护的框架体系得以构建。与此相对,"数据流通层面的权利构建方面的研究明显不足,严重制约数据产业健康发展和数据资源的优化配置"[1]。在司法实务中,信息处理者与信息主体在关于"数据专用与数据分享、数据控制与数据传播、数据保护与数据利用"等问题上的矛盾尤为突出。[2]在"深圳市腾讯计算机系统有限公司等诉浙江搜道网络技术有限公司等不正当竞争纠纷案"[3]中,法院即认为,以数据的不同形态进行划分,数据可分为数据资源整体与

---

① 石丹:《大数据时代数据权属及其保护路径研究》,载《西安交通大学学报(社会科学版)》2018年第3期,第78页。
② 冯晓青:《数据财产化及其法律规制的理论阐释与构建》,载《政法论丛》2021年第4期,第86页。
③ 参见浙江省杭州市铁路运输法院(2019)浙8601民初1987号民事判决书。

单一数据个体。无论是上述何种数据，数据采集主体（信息处理者）所享有的数据权益只能依附于用户个人信息权益。由此，在数据处理过程中，信息处理者所享有的数据权益与信息主体所享有的个人信息权益呈现出此起彼落，此消彼长的态势。当信息主体所享有的个人信息权益不断扩张的同时，信息处理者的数据权益的限制便在所难免；当数据权益的边界超过合理限度时，信息主体亦面临着个人信息权益遭受侵害的风险。但在保证个人信息权益的前提下促进数据要素有序流动与高效释放，积极寻求实现数据安全保护与流通利用的动态平衡，是数据市场健康发展的核心问题。①正如我国部分学者所认为的，须充分认识到我国个人信息保护应当走出单方面强调个人数据保护的误区，积极探索激励相容的个人数据治理之道。②但现实是，在如何平衡个人信息权益保护与数据流动的问题上，现有立法并未明确指明方向，致使在理论与实践上既难以充分保护信息主体的信息权益，同时数据的流动亦频频受阻。日前发布的"数据二十条"也仅在政策层面指出，"建立保障权益、合规使用的数据产权制度""建立合规高效、场内外结合的数据要素流通和交易制度""建立体现效率、促进公平的数据要素收益分配制度"等。上述旨在平衡数据权利保护与数据流通的制度尚未落实。对于如何实现数据权利保护

---

① 参见中国信息通信研究院安全研究所：《数据要素流通视角下数据安全保障研究报告》（2022 年），2022 年 12 月，第 19 页。

② 参见周汉华：《探索激励相容的个人数据治理之道——中国个人信息保护法的立法方向》，载《法学研究》2018 年第 2 期，第 3 页；吴伟光：《大数据技术下个人数据信息私权保护论批判》，载《政治与法律》2016 年第 7 期，第 116 页；王融：《隐私与竞争：数字经济秩序的平衡之道》，载《竞争政策研究》2017 年第 6 期，第 13 页；张平：《大数据时代个人信息保护的立法选择》，载《北京大学学报（哲学社会科学版）》2017 年第 3 期，第 143 页。

与数据流动之间的平衡,学界存在不同见解,有学者认为,基于信息主体的弱势地位,相关立法应当赋予信息主体数据权、删除权、撤回同意权、脱离自动化决策权等。[1]通过强化个体对数据类型财产的控制,信息主体将拥有更多的力量对抗外界对隐私的侵犯。[2]有学者则认为,权利的分配要在数据治理中权衡多元利益,避免滑向对个人信息过度保护的误区。课以信息处理者过多义务,将制约数字经济的发展。[3]数字经济时代,一味追求个人信息权益的严格保护难以发挥个人信息、数据的积极效用,"真正需要激励的是对企业数据使用的开放和共享,促进数据共享的数据使用和数据可携应当成为未来的重要政策研究课题"[4]。实现数据经济价值的最大化,关键在于明确作为信息处理者的企业享有的数据权益的边界,寻求信息处理者享有的数据权益与信息主体所享有的个人信息权益之间的平衡路径,助推数字经济的快速发展。

---

[1] 参见王利明:《数据共享与个人信息保护》,载《现代法学》2019 年第 1 期,第 54 页。

[2] Joshua Fairfield, Owned: *Property, Privacy, And the New Digital Serfdom*, Cambridge University Press 2017.

[3] 参见王锡锌:《国家保护视野中的个人信息权利束》,载《中国社会科学》2021 年第 11 期,第 131 页。

[4] 付新华:《企业数据财产权保护论批判——从数据财产权到数据使用权》,载《东方法学》2022 年第 2 期,第 142 页。

# 第二章　个人隐私信息化：
# 隐私权基础理论的再审视

隐私权作为人格权之一，是消极性、防御性的，只有在已造成损害事实的情况下，权利人才能请求排除妨害、赔偿损失等。[①]但随着大数据时代的到来，个人隐私发生了信息化、数据化的形态变化。侵犯隐私权的侵权行为往往以信息技术与网络平台为载体，不仅有对已数据化的私密信息的侵犯，传统的私密空间与私密活动也易受到数字化、信息化手段的侵犯。与之相应，隐私权的行使方式也向着积极性的方向转变，如有学者提出隐私公开权和隐私许可权。[②]以此为前提，传统的隐私权基础理论难以适应数字经济下隐私权消极防御性向积极利用性转变的趋势。如何实现隐私权基础理论与相关规定的同步共进是关键。

---

① 参见程啸：《人格权研究》，中国人民大学出版社 2022 年版，第 119 页。
② 参见张红：《人格权各论》，高等教育出版社 2015 年版，第 552 页。

## 一、隐私保护的基础理论优化

隐私概念的出现与经济文化、科学技术的发展息息相关,其构筑于个人独处理论之上。随着公共领域与私人领域界限的变化及数据时代的来临,信息愈加透明化,隐私权的内涵也在不断变化,逐渐扩张到信息隐私、空间隐私以及自决隐私等领域。[①]此时,于隐私权保护而言,个人作为社会的一分子,纯粹的离群独处并不现实,强调排斥他人不当干预的个人独处理论便有些不合时宜。"就个人独处理论本身而言,其对隐私权的论证不够精细,且个人独处的含义过于模糊。"[②]不可否认的是,个人独处理论之于隐私权正如根系之于树木,不可不重视。如何优化隐私权的基础理论,实现隐私权的与时俱进是本节讨论的重心。在我国《民法典》构筑起的隐私权保护规则之上,完善隐私权基础理论方能实现隐私权侵权与否的具体认定及隐私权与个人信息权益的明确界分。

### 1. 隐私权基础理论谛视:个人独处理论

19 世纪末期,在社会进步、经济发展的推动下,个人权利的保护逐渐受到重视。个人独处理论最早出现于美国法官托马斯·库利于 1880 年发表的有关侵权法的论文中,但该理论的提

---

① 王利明:《隐私权概念的再界定》,载《法学家》2012 年第 1 期,第 108 页。
② 金耀:《消费者个人信息保护规则之检讨与重塑——以隐私控制理论为基础》,载《浙江社会科学》2017 年第 11 期,第 63 页。

出并非是为隐私权下定义,而是为了解释他提出的"身体接触是一种侵权伤害行为"理论。[1]时至今日,这一概念仍具有积极意义,直接提出了独处是人作为整体而获得的不受他人侵扰的物理空间。如果说库利法官是这一概念的引入者,沃伦与布兰代斯则给予这一概念明确的归属和指向。1890年,美国学者沃伦与布兰代斯发表《论隐私权》(*The Right to Privacy*),首次论及隐私权的相关内容。文中提出,随着文明的进步和时代的开放,社会的复杂性使得我们的保护意识增强,对于独处和隐私更加注重,我们有必要从人群中退出一部分,确保个人享有独处的权利(The Right to Be Left Alone)。[2]本研究提出的个人独处理论主要针对当时的摄影者、媒体技术人员,强调其可以获得不被侵扰的个人物理空间,其本质是私生活受到尊重,也即私生活受保护。[3]该权利的具体含义是个人享有不可侵害的人格,对其思想、情绪和感受等自身事务的公开、揭露具有决定的权利。随后,个人独处理论逐渐在判决中被认可,1905年乔治亚州最高法院在 Pavesich v. New England Life Ins. Co.案中认为"个人拥有随时从大众眼光退出的自由"。[4]美国著名侵权法学者 Prosser 教授在此基础上结合大量实务判例,将隐私权侵权行为具体界分为四种类型:侵害他人的幽居独处或私人事物;公开揭露令人困扰的私人事实;公开

---

[1] Robert Ellis Smith, "Ben Franklin's Web Site: Privacy and Curiosity from Plymouth Rock to The Internet", *Privacy Journal*(2000):130.

[2] Warren and Brandeis, "The Right to Privacy", *Harvard Law Review* 4(1890):193-206.

[3] 参见石佳友:《隐私权与个人信息关系的再思考》,载《上海政法学院学报(法治论丛)》2021年第5期,第81页。

[4] Pavesich v. New England Life Ins. Co., 122 Ga. 190, 50 S.E. 68(1905).

揭露隐私致使他人遭受公众误解；为自己利益而使用他人的姓名或特征。①这四种对隐私的侵害行为"各有其要件，其所共通的，系'不受干扰的独处'"。②美国佛罗里达州制定宪法时延续了这一理论基础，于宪法第 23 条规定："隐私权即每个自然人都享有独处的权利，不受政府对其私生活的侵扰，除非有相反的规定"，③体现了尊重个性及人格发展价值。④由此个人独处理论以法律规定的形式确定下来。个人独处理论以"独处"为核心，是隐私权产生的基础，对当时各国构建隐私权保护制度具有模范作用。在相当长的一段时间内，隐私权保护的实现仰赖实务中对个人独处理论的理解与运用。

伴随着信息技术的不断变革，在隐私权基础上出现了"个人信息"这一概念，其产生于政府大规模收集民众信息的背景之下。为控制信息不被泄露，各国法律纷纷就个人信息的保护进行规定。个人信息使用主体从政府部门慢慢扩展到非政府部门，包括互联网平台、App 后台运营中心等。数据时代信息共享为我们带来诸多便利的同时，也大大增加了个人信息被非法侵犯、泄漏的风险。其间，个人隐私与个人信息被不加区分地予以收集、利用、传播。个人独处理论对隐私权的粗略概括难以适应新时代下利用个人隐私、个人信息的需求，个人独处理论亟待突破。"隐私概

①　William L.Prosser, Privacy, *California Law Review* 48(1960):389.

②　王泽鉴:《人格权法》,北京大学出版社 2020 年版,第 184 页。

③　Scott Denson, Florida's Constitutional Shield: An Express Right to be Let Alone by Government and the Private Sector, 20 *Fla. St. U. L. Rev.*907, 1993.

④　张融:《论个人信息权的私权属性——以隐私权与个人信息权的关系为视角》,载《图书馆建设》2021 年第 1 期,第 94 页。

念的演化需深刻对应于不同时期的技术发展",[1]传统的隐私权理论存在一定的局限性。首先,个人独处理论二元利益衡量的设计理念不再适用于个人信息。如前所述,独处权是为了满足个人自由和有尊严地生存和生活的需求,因此被塑造为具有绝对性和对世性的防御权利。[2]个人独处理论对隐私权的制度设计只需要平衡一对利益矛盾,"即隐私权主体(个人)的隐私利益(也可以表达为人格自由与人格尊严方面的人格利益)与他人(即负有消极不作为义务的其他自然人、法人或者其他组织)的言论表达自由、知情权等利益的冲突"[3]。在信息时代,这一二元对立的利益体系格局被打破——出现个人信息权益、信息处理者的商业利益和政府社会治理效率三方制衡的新局面。新的利益主体的出现使得为个体提供单一向度权利保护的个人独处理论不再适用于个人信息。其次,个人独处理论强调独处、隔离、一定的物理空间,是一种排他性权利,与大数据时代信息的适度公开与分享相悖。最后,传统隐私权侧重的是精神性的人格权保护,个人信息的实用性、稀缺性、可控性和流通性则决定了个人信息具有显著的财产价值或财产属性。[4]这也导致二者的救济方式存在区别,前者注重事前预防,后者更多地表现为事后主张财产性赔偿。现行司

---

[1] See Lisa Austin, "Privacy and the Question of Technology", *Law and Philosophy* 22.2(2003): 119-166.

[2] 参见王利明:《人格权法研究》(第三版),中国人民大学出版社 2018 年版,第 26-31 页。

[3] 张新宝:《从隐私到个人信息:利益再衡量的理论与制度安排》,载《中国法学》2015 年第 3 期,第 43 页。

[4] 参见彭诚信:《论个人信息的双重法律属性》,载《清华法学》2021 年第 6 期,第 79 页;彭诚信、史晓宇:《个人信息财产价值外化路径新解——基于公开权路径的批判与超越》,载《华东政法大学学报》2022 年第 4 期,第 41 页。

法实践几乎均将界定涉案信息属于个人信息还是隐私作为审判前置程序,而传统隐私权理论无法预见时代带来的巨大变革,无法预见个人信息权益的出现,无法回应日渐高涨的信息处理需求,无法明确界分一系列相关概念。破除个人独处理论局限性的关键在于,引入动态的合理期待理论与理性人标准,完善隐私和个人信息的规范基础,明确隐私权侵权的认定标准,从而实现隐私基础理论的与时俱进。

## 2. 隐私权基础理论完善路径之一:合理期待理论

数据时代,个人的隐私生活愈发透明。视频监控、录音设备、生物识别监视、卫星定位、社交网络、汇编信息数据库、数据挖掘等信息技术系统使得个人极有可能在不知情的情况下被公众围观。"个人正在面临持续性的监视(monitor)与追踪(tracking)。"[1]面对获取隐私方式、手段的多样化与复杂化,在个案中仅依靠个人独处理论,一方面难以认定其是否属于隐私,另一方面难以判断其行为是否侵害隐私权。该困境产生的原因在于个人独处理论的静态性与隐私权侵权行为的动态性之间存在难以弥合的罅隙。隐私权既不是一种控制个人信息的权利,也不是一种限制信息访问的"权力",而是反映一种对个人信息在不同社会场景下合理流动的期待。为此,可以引入合理期待这一动态性理论完善个人独处理论,进而为隐私的界定以及隐私权侵权的认定夯实基础。合理期待理论(Reasonable Expectation of Privacy)源于 1967 年美国

---

[1] [美]海伦·尼森鲍姆:《场景中的隐私:技术、政治和社会生活中的和谐》,王苑等译,法律出版社 2022 年版,第 17 页。

"Katz 案"①。Katz 通过公用电话亭非法赌博,被 FBI 监听并起诉。Harlan 法官认为 Katz 对电话亭是私密场所存在合理期待,FBI 的监听行为违反了 Katz 对隐私的合理期待,侵犯了 Katz 由美国宪法修正案四所保障的隐私权。②"Katz 案"所确立的合理期待理论(即"Katz 测试")主要分为两个层次,一是个人表现对隐私的主观期待;二是该期待具有社会认知上的合理性。前述合理期待理论的两个层次分别对应权利主体对隐私的合理期待以及社会公众对隐私的合理期待,形成了隐私认定以及隐私侵权判定的主观条件与客观条件。在 Rakas v. Illinois 一案中,美国联邦最高法院进一步阐明,隐私的合理期待应当具备宪法修正案四规定以外的来源,要么是依照不动产法或财产法上的依据,要么是按照社会所认可和允许的理解进行解释。③隐私的合理期待一般不会延伸至开放领域(open fields),④而法院通常会考虑信息主体是否采取相应的预防措施来保护自身的合理期待。⑤

"在我国,通说认为隐私权是一种必须隐之私,私人生活安宁内含不被打扰的消极隐,而不为他人知晓的三类私密指向的也是消极的隐,这实际上是以隐为核心的保护隐私权的立法设定。"⑥可见,隐私因其对私密性的要求不同,应分为不同类型。

---

① Katz v. United States, 389 U.S. 347(1967).
② 美国宪法修正案第四条(1791):人民保护其人身、住宅、文件和财物不受任何无理搜查和扣押的权利不得侵犯;除非有合理的根据认为有罪,以宣誓或郑重声明保证,并详细开列应搜查的地点、应扣押的人或物,不得颁发搜查和扣押证。
③ Rakas v. Illinois, 439 U.S. 128(1978).
④ Hester v. United States, 265 U.S. 57, 44 S. Ct. 445(1924).
⑤ United States v. Chadwick, 433 U.S. 1, 11(1977).
⑥ 王秀哲:《"隐"与"私"流变中的信息隐私权》,载《河北法学》2022 年第 11 期,第 52 页。

　　许可副教授从权利主体的意愿出发,将作为隐私重要组成部分的私密信息分为核心私密信息(系"隐私领域"中与人格尊严存在重要关联、一经泄露即能引起信息主体人格尊严重大损害的信息)与场景性私密信息(核心私密信息外须结合特定场景加以判断的隐私)。[1]上述合理期待理论的两个层面着眼于隐私权主体与社会公众对隐私保护的不同期待与认同,契合隐私的不同类型。根据信息的私密程度,依一般人的主观感受判断该信息是否应该被公众所知晓,主体是否对信息的封闭性存在结果上的期待。我国已有案件依据合理期待理论界定相关信息是否构成隐私。在"黄某诉腾讯科技(深圳)有限公司、腾讯科技(北京)有限公司等隐私权、个人信息保护纠纷案"[2]中,法院从隐私的合理期待出发,将个人信息划分为几个层次:一是符合社会一般合理认知下共识的私密信息;二是不具备私密性的一般信息;三是兼具防御性期待及积极利用期待的个人信息。上述信息因其与信息主体人格的密切程度不同,而承载着信息主体不同的期待利益。该案中,微信好友列表并不能反映黄某与朋友的亲疏远近关系,也不存在不愿为人知晓的聊天记录,仅是好友名单的客观呈现。根据合理期待理论,微信好友列表等信息尚不构成隐私,按照个人信息有关规则处理即可。

　　不同主体在不同场景中,对"隐私"的界定不同,所谓场景(context),指的是以规范的活动、角色、关系、权力结构、规范(或

---

[1] 许可、孙铭溪:《个人私密信息的再厘清——从隐私和个人信息的关系切入》,载《中国应用法学》2021年第1期,第15—16页。
[2] 参见北京互联网法院一审(2019)京0491民初第16142号民事判决书。

规则)和内部价值(目标、导向、目的)为特征的结构化的社会环境。①合理期待理论从个案出发,围绕场景、行为主体(信息主体、信息发送者和接收者)、信息类型、传输原则等场景一致性要素,分析信息主体在特定情景之下是否享有隐私权。例如,公共人物对隐私的合理期待应当有所降低。一般人会将自己的行程视作隐私,而明星会定期公布每月的行程,发布相关活动的路透图,获得一定的流量;一般人会将自己的日记视作隐私,而部分作家则会将自己的日记予以出版、公开。新冠疫情期间,出于防控需要,政府掌握个人行程、身份信息等,同时也有物业服务企业在小区门口收集人脸识别信息,以达到"无接触"的防控要求。隐私权立法需要建构特定场景下的基本框架,在正常社会生活秩序下,公众对隐私的合理期待与疫情期间不同,有必要对不同场景一一分析,同时关注不同场景之间的重叠现象,以彰显合理期待理论的能动性与灵活性。

### 3. 隐私权基础理论完善路径之二:理性人标准

合理期待理论在补强个人独处理论以解决个人独处理论"固步自封"的同时,也引发了其他问题。在合理期待理论下,法官在界定个人对隐私的主观期待是否具有合理性时,往往拥有较大的自主裁量权,有必要引入统一标准约束法官自由心证,即理性人标准。法律上的理性人标准起始于英美过失侵权领域,以理性人

---

① [美]海伦·尼森鲍姆:《场景中的隐私:技术、政治和社会生活中的和谐》,王苑等译,法律出版社 2022 年版,第 122 页。

的形象为参照来判断行为人过失之有无。①博登海默认为,理性人是能够辨清一般原则并能够抓住事物内部、人与事物之间以及人与人之间的某种本质关系,客观地和超然地看待世界和他人的通情达理之人。②"理性人标准的运用包括三个阶段:理性人建构、场景重构、透过认知图式得出结论。"③法官首先在心目中构建理性人形象,符合社会的一般认知,具有辨别是非的能力,能代表人们对某一事项的普遍看法;其次,将这一抽象理性人形象放入具体的案件场景中,注意场景发生的时间、地点、背景等重要信息;最后,法官依靠自己的认知能力,将自己代入到理性人场景中,不站在一个法官的角度考虑,而是站在能代表社会普遍认知的理性人角度考虑,界定是否应当对涉案的个人信息具有合理期待,完成对行为人的客观评价。在无法探询行为人内部意思的情况下,理性人标准作为判断责任的客观化依据,将行为主体无法把握的内心世界外化,可以联通法律与社会价值。④

根据理性人标准,若法院认为一般理性人在案件情景中具有隐私保护的合理期待,同时社会公众普遍认为涉案信息不应为他人知晓,则该信息属于个人隐私,适用《民法典》隐私权的有关规定。以理性人标准约束合理期待理论下法官的自由裁量权,司法实践中已有前例。在"青岛天一精英人才培训学校、王庆辉隐私

① 参见杨红军:《理性人标准在知识产权法中的规范性适用》,载《法律科学(西北政法大学学报)》2017年第3期,第161页。

② 参见[美]E.博登海默:《法理学——法哲学及其方法》,邓正来等译,华夏出版社1987年版,第436页。

③ 叶金强:《私法中理性人标准之构建》,载《法学研究》2015年第1期,第101页。

④ 参见张建肖:《法律上理性人刍论——源流、界定与价值视角的分析》,载《山东青年政治学院学报》2012年第3期,第94页。

权纠纷案"①中，培训学校未经王某同意，擅自将包含王某名字的考试成绩向社会公布。法院认为，成绩不属于绝对自我空间的范畴，对于成绩没有过多的秘密性而言，加上学校主观无过错，王某不应对成绩保密具有主观期待，培训学校没有侵犯王某的隐私权。理性人标准下，王某的成绩是否属于隐私应结合王某是否通过考试的因素加以考量。若王某没有通过考试，置身于普通公众心理考虑，对不满意的成绩往往并不宣扬，仅希望个人知晓，这一期待是合理的，是符合社会认知的。又如在"黄某诉珠海市玖点影业发展有限公司、霍尔果斯凤凰联动影业有限公司隐私权纠纷案"②中，在黄某不知情的情况下，被告在其出品的网剧画面中公开显示了原告实名购买的手机号码，导致其手机号码泄露。黄某频繁收到骚扰电话和微信好友验证通知，严重扰乱了其正常学习和工作。法院认为，是否构成对私人生活安宁的侵害，要以一般理性人的感受标准进行判断。只有外部侵扰超出了一般理性人能够容忍的限度，方构成对隐私权的不法侵害。可见，"个人信息的采集、个人信息的使用等均以不侵犯他人的合理隐私期待为限。合理隐私期待以社会是否认可为基础"③。而社会认可的标准便是连接法律与社会价值的理性人标准。值得注意的是，理性人标准的适用前提是不损害社会公共利益，在疫情及其他公共卫生安全事件发生时，社会公共利益的维护或许需要个人权利的让

---

① 参见山东省青岛市中级人民法院（2019）鲁 02 民终 7482 号判决书。
② 参见北京互联网法院（2020）京 0491 民初 9079 号民事判决书。
③ 肖中华：《大数据时代"合理隐私期待"主客观标准的适用》，载《江西社会科学》2016 年第 11 期，第 187 页。

渡，这与理性人标准并不冲突，理性人本身即代表了社会普遍认知。

综上所述，隐私权的权利内容已随着时代的发展有了更丰富的内涵，互联网的兴起打破了个人独处理论所强调的物理边界。新兴利益主体的出现使得个人独处理论的二元衡量标准不再适用于个人信息，后者显著的财产属性也无法适应传统隐私权的救济方式。个人信息权益与隐私权存在交叉重叠，为更好地界定实务中的信息是否属于隐私，我国可引入隐私的合理期待理论，通过判断权利人与社会公众的合理期待，认定是否构成隐私以及是否构成隐私权侵权。此外，在面对合理期待理论下法官享有过宽的自由裁量权的问题，可借理性人标准限缩法官的自由裁量权，以增强隐私合理期待理论的现实可操作性。在此基础上，以一般理性人的视角进行审视，满足合理期待的隐私具有不愿为他人知晓的合理性且并未超出一般理性人能够容忍的限度，可视为隐私权保护的对象。反之，在理性人标准下，不满足合理期待的信息则不受隐私权保护。

## 二、私密信息的特性甄别

基于《民法典》与《个人信息保护法》的规定，我国已明确地"将隐私权与个人信息权益规定为两种并存的民事权益"。① 然而，二者之间并不完全独立。前已述及，隐私与个人信息存在交叉重叠之处——私密信息。私密信息既属于隐私，又属于个人信

---

① 程啸：《论个人信息权益与隐私权的关系》，载《当代法学》2022 年第 4 期，第 60 页。

息,因此隐私权与个人信息权益的保护在一定范围内发生重合。《民法典》就私密信息的属性、利用与保护方式作出了规定,却并未明确何为私密信息,引发了学界的广泛讨论。本节从私密信息的特征入手,对私密信息的含义进行界定,进而明确私密信息与隐私、个人信息的关系。

### 1. 私密信息具有可识别性

"一般来说,任何私人不愿意公开、不愿意为他人知晓、并具有个人识别性的信息都可能构成个人私密信息。"[1]可识别性是个人信息的基本特征与核心属性。《民法典》1034条第2款以"概括定义＋列举"的方式规定了个人信息的内涵,[2]明确个人信息的识别性。《个人信息保护法》第4条延续了概括的定义方式,对个人信息的表述是"与已识别或可识别的自然人有关的各种信息"。[3]可见,"可识别性"是个人信息的核心属性。私密信息作为个人信息的组成部分,[4]当然地具有个人信息的基本特征——可识别性。个人信息的可识别性特征最初由美国学者Solove提出,称除政府机构外的私人主体或公司也被允许处理个人信息,电脑查询往往留下记录,数据分析以及恢复技术让很多数据能识别至

---

[1] 王秀哲:《"隐"与"私"流变中的信息隐私权》,载《河北法学》2022年第11期,第50页。

[2] 《民法典》第1034条规定:个人信息是以电子或者其他方式记录的能够单独或与其他信息结合识别特定自然人的各种信息,包括自然人的姓名、出生日期、身份证件号码、生物识别信息、住址、电话号码、电子邮箱、健康信息、行踪信息等。

[3] 《个人信息保护法》第4条规定:个人信息是以电子或者其他方式记录的与已识别或者可识别的自然人有关的各种信息,不包括匿名化处理后的信息。

[4] 参见袁泉、王思庆:《个人信息分类保护制度及其体系研究》,载《江西社会科学》2020年第7期,第198页。

特定个人。①此后，世界范围内先后颁布的《个人数据保护指令》《隐私与电子通讯指令》《通用数据保护条例》《个人信息保护法案》(《個人情報の保護に関する法律》)均强调个人信息的可识别性。"作为个人信息保护法中最为核心的概念，对其进行学理上的界定对于立法、司法和执法都至关重要，过窄的范围无法充分保护信息主体的合法利益，而过宽的范围也将阻碍信息的自由流动。"②随着各国关于个人信息立法的进步与发展，可识别性的范围亦在不断扩大，除去身份识别，大数据往往也会对信息主体的个人偏好、习惯等进行识别。历经二十多年的发展，时至今日，个人信息的可识别性包括仅凭该信息即可锁定特定自然人的"单独识别性信息"和需结合其他信息方可将某个体与他人区分开来的"间接识别性信息"，③强调信息与信息主体之间被直接或间接"认出来"的可能性。④

"根据《民法典》关于个人信息的规定，个人信息进一步可以区分为私密信息与非私密信息，并强调个人信息中的私密信息适用关于隐私权保护。"⑤在"蒋某某诉西安电信公司知情权纠纷案"⑥"梁某

---

① Daniel J. Solove, Privacy and Power: Computer Databases and Metaphors for Information Privacy, *Stanford Law Review* 53(2001):1400.

② 齐爱民、张哲:《识别与再识别:个人信息的概念界定与立法选择》，载《重庆大学学报(社会科学版)》2018 年第 2 期，第 120 页。

③ 参见王利明、程啸、朱虎:《中华人民共和国民法典人格权编释义》，中国法制出版社 2020 年版，第 396 - 398 页。

④ 参见齐爱民:《大数据时代个人信息保护法国际比较研究》，法律出版社 2015 年版，第 136 页。

⑤ 张璐:《何为私密信息? ——基于〈民法典〉隐私权与个人信息保护交叉部分的探讨》，载《甘肃政法大学学报》2021 年第 1 期，第 93 页。

⑥ 参见陕西省西安市中级人民法院(2020)陕 01 民终 10173 号民事裁定书。

冰与北京汇法正信科技有限公司网络侵权责任纠纷案"①等案件中,法院均认为私密信息属于个人信息。在"吴某与沙某网络侵权责任纠纷案"②中,法院认为,"沙强在涉案微信群中传输的文件内,含有其与吴明阳的微信聊天记录截屏,同时展现了吴明阳的姓名和手机号码……上述信息被结合在一起,具有了身份可识别性,属于一般人不愿公开的信息,已具备隐私属性"。故此,作为个人信息的一部分,私密信息亦具有可识别性。此外,学界通常认为,匿名化或去识别化是私密信息的保护方式之一。王秀哲教授认为,"可识别性是对信息主体的确认,显然,对个人信息进行匿名化处理是出于隐的保护需要。"③通过私密信息的匿名化,达致私密信息无法识别到特定主体的目的,以保护私密信息。这正是私密信息具有可识别性的强有力佐证。

### 2.私密信息具有私密性

"私密信息是对私密空间、私密活动、私密部位等隐私事实的信息化表达。"④私密信息在具有个人信息的特质的同时,也具有隐私的特质,即私密性。"私"意味着私人事务与决定的自由,具有私人性,与公共利益、他人利益无关;⑤"密"意味着排除他人知情,具有秘密性,"任何私人不愿意公开的信息都可构成私人的秘

---

① 参见北京市第四中级人民法院(2021)京 04 民终 71 号民事判决书。

② 参见北京市第四中级人民法院(2021)京 04 民终 24 号民事判决书。

③ 王哲秀:《"隐"与"私"流变中信息隐私权》,载《河北法学》2022 年第 11 期,第 60 页。

④ 申卫星:《数字权利体系再造:迈向隐私、信息与数据的差序格局》,载《政法论坛》2022 年第 3 期,第 96 页。

⑤ 参见陈甦、谢鸿飞主编:《民法典评注:人格权编》,中国法制出版社 2020 年版,第 370 页。

密信息"①。可见,私密性包括如下两层含义:私人性与秘密性。②
"秘密性"强调的是权利人不愿为他人知晓的主观状态,对这一信
息的隐蔽性存在合理期待。上文中以合理期待理论界定隐私,私
密信息作为隐私的一部分,亦可通过个人是否对信息的私密性具
有合理期待来加以判断。在"王某诉深圳市腾讯计算机系统有限
公司个人信息保护纠纷案"③中,法院认为,应结合具体案件分析
社交关系是否具有秘密性。首先,置身于"理性人"角度进行分
析,他人无法通过微信好友关系对其人格作出判断从而导致遭受
负面或不当评价。其次,平台隐私政策提供了微信好友关系的撤
回路径,用户未通过微信设置撤回,则微信好友关系并非其主观
上不愿为他人知晓的私密信息。故好友列表虽具有可识别性,但
未达到获知真实社交关系的程度,不具备秘密性,最终判定微信
好友关系不属于私密信息。无独有偶,在"黄某诉腾讯科技(深
圳)有限公司、腾讯科技(北京)有限公司等隐私权、个人信息保护
纠纷案"④中,法院认为,"微信好友列表和读书信息不能笼统地
纳入符合社会一般合理认知的私密信息范畴",不具有私密性,因
而不属于私密信息。判断信息是否具有私密性,应当考虑以下方
面:客观上一般呈现为不为公众所知悉的样态,主观上权利人具
有不愿为他人知晓的主观意愿,并结合实际应用场景具体探讨该

① 王利明、程啸:《中国民法典释评:人格权编》,中国人民大学出版社 2020 年版,第 391 页。
② 参见王思敏:《私密信息的界定——从隐私权的内核与外延展开》,载《哈尔滨学院学报》2022 年第 4 期,第 60 页。
③ 参见广东省深圳市中级人民法院(2021)粤 03 民终第 9583 号民事判决书。
④ 参见北京互联网法院(2019)京 0491 民初第 16142 号民事判决书。

场景中是否存在侵害隐私的行为。[①]

　　"私人性"主要与"公共性"相对,特指私密信息局限于特定、有限、非公共的范围之内。根据隐私合理期待的例外原则——第三方原则(third-party doctorine),若信息主体自愿向公共平台披露信息,则放弃了对该信息属于隐私的期待,不再具有私人属性。[②]如信息主体将内容发布在微博、抖音、小红书等网络平台,表明信息主体自愿将信息转换为流量,允许平台作为信息处理者进行信息处理活动,期望其他用户知悉,私密信息的私人性当然丧失;若将内容发布在朋友圈,则私密信息的公开范围仍然限于相对封闭的环境,[③]除特定好友外,推定信息发布者并不授权信息的二次传播。因此,维持私密信息私人性的关键在于严格控制私密信息的传播范围,限制在绝对自我空间之内。将私密信息公之于众,私人性随即丧失,不再属于私密信息。值得注意的是,第三方原则也存在例外。在 Carpenter v. United States 案中,美国联邦调查局在没有法庭搜查令的情况下通过企业获得了犯罪嫌疑人的手机基站位置信息。警方援引第三方原则主张个人的手机基站位置信息通常被第三方收集和维护,并非个人隐私。联邦最高法院认为,被第三方收集的手机基站位置信息仍属于个人隐私,政府侵犯了犯罪嫌疑人的隐私权,这是因为:大量的手机基站位置信息可以体现自然人的家庭、政治、宗教和性别等敏感信息;

---

① 参见广东省深圳市中级人民法院(2021)粤 03 民终第 9583 号民事判决书。
② Orin S. Kerr, The Case for the Third-Party Doctrine, *MICH. L. REV.* 107(2009):566 - 570.
③ 参见程啸:《论我国民法典中的个人信息合理使用制度》,载《中外法学》2020 年第 4 期,第 1015 页。

基站信息的获取成本之低足以让政府轻易获取大量的数据信息，对个人并不公平。①联邦最高法院在本案中重新调整了"合理隐私期待"的判断标准，即个人隐私信息被第三方掌握并不意味着自动丧失隐私的合理期待。由此可知，特定情形下，平台收集的用户信息即使不为用户所控制和使用，仍具有私人性。此外，绝对自我空间范畴的确定以不侵犯公共利益为前提。《民法典》第1036 条规定，为维护公共利益，行为人可以合理地收集和处理自然人的个人信息。比如若某些个人信息属于应当依法予以披露和公开的范围，则不属于隐私权的保护范畴。②由于公共利益内涵的界定尚不明确，是相当模糊的法律概念。③致使绝对自我空间难以明确，私密信息的私人性亦难以认定。对此，有学者指出，有关公共利益的保护与私密信息适度利用可以遵从比例原则。④在比例原则的三个子原则的指导下，私密信息"私人性"的模糊性问题便可迎刃而解。适当性原则是指对私密信息的适度利用必须能够实现或者有助于实现公共利益的维护；必要性原则指能达成法律目的的诸多方式中，选择对私密信息侵害最小的方式；相称性原则指，私密信息公开的范围或程度与公共利益的维护应在效果上合乎均衡的比例。只有符合上述原则的私密信息才能具有私人性。

---

① Carpenter v. United States，138 S. Ct. 2206(2018).

② 参见王利明、程啸：《中国民法典释评：人格权编》，中国人民大学出版社 2020 年版，第391 页。

③ 参见胡鸿高：《论公共利益的法律界定——从要素解释的路径》，载《中国法学》2008 年第4 期，第 56 页。

④ 参见郑晓剑：《比例原则在民法上的适用及展开》，载《中国法学》2016 年第 2 期，第 143 - 165 页。

### 3. 私密信息敏感性判断的动态性

根据《民法典》第 1032 条第 2 款与《个人信息保护法》第 28
条第 1 款的规定,私密信息与敏感信息分别具有私密性与敏感
性。有些信息"既属于私密信息又属于敏感信息,当私密信息达
到敏感个人信息的风险基准,或信息主体不愿他人知悉特定敏感
个人信息时,二者发生交叉"。[①]两者的客体本身具有重合性,在
外延上存在重叠。有学者主张二者是同质关系,无本质差别,[②]殊不
知二者之间存在明显区别,敏感信息与非敏感信息、私密信息与
非私密信息的划分存在不同的理论基础。正如程啸教授所述,
"敏感信息和非敏感信息是《草案(二审稿)》从规范个人信息处理
行为的角度进行的一种重要分类,并在该区分的基础上针对信息
处理者提出了不同的处理规则上的要求……私密信息和非私密
信息则是从民事权益保护的角度即为正确区分隐私权与个人信
息权益的保护方法,由《民法典》对个人信息进行的分类"[③]。敏
感个人信息处理规则侧重于对该信息的合法处理,而私密信息的
法律规制侧重于对非法披露他人隐私的消极防御。[④]有些信息敏
感但不私密,如宗教信仰,有些信息私密但不敏感,如个人聊天记
录。可见,敏感性并不是全部私密信息均具有的属性,而是部分

---

① 韩旭至:《敏感个人信息的界定及其处理前提——以〈个人信息保护法〉第 28 条为中心》,
载《求是学刊》2022 年第 5 期,第 141 页。

② 参见张建文、时诚:《〈个人信息保护法〉视野下隐私权与个人信息权益的相互关系——以
私密信息的法律适用为中心》,载《苏州大学学报(哲学社会科学版)》2022 年第 2 期,第
53 页。

③ 程啸:《论我国个人信息保护法中的个人信息处理规则》,载《清华法学》2021 年第 3 期,
第 70 页。

④ 参见王利明:《敏感个人信息保护的基本问题——以〈民法典〉和〈个人信息保护〉的解
释为背景》,载《当代法学》2022 年第 1 期,第 7 页。

私密信息具有的特性。

"敏感"一词是对个体主观心理的描述,指某人对事物或现象表现出高反应度。①基于成长环境、生活经历的不同,不同主体对相同信息的反应度也有所不同,不同主体呈现出主观差异性。私密信息的敏感性是指该信息关涉个人隐私核心领域、具有高度私密性、对其公开或利用将会对个人造成重大影响。②为更好地保护信息主体,是否造成侵害不应成为敏感性的界定标准,而应以风险发生可能性为标准。是否达到"敏感"的程度不宜放在静态环境中予以考量,应根据具体情况具体分析,如普通民众的行程在日常生活中并不引人注目。然,受新冠疫情的影响,普通民众的行程信息在一定程度上反映了其感染新冠肺炎的可能性,是直接关乎个人的医疗健康信息。此时,普通民众的行程信息具有高度敏感性,一旦泄露可能导致自然人遭受网络暴力、歧视等,损害自然人的人身权益与财产权益。实定法上对个人信息的敏感性也秉持动态开放的态度。首先,敏感信息的范围是动态发展的。1981 年欧洲理事会在《关于个人数据自动化处理的个人保护公约》中引入了"敏感数据"的概念,③但未能明确定义。随后《关于涉及个人数据处理的个人保护以及此类数据自由流动的指令》第8 条规定,敏感数据是揭示种族或民族血统、政治观点、宗教或哲

---

① 参见宁园:《敏感个人信息的法律基准与范畴界定——以〈个人信息保护法〉第 28 条第 1 款为中心》,载《比较法研究》2021 年第 5 期,第 34 页。

② 参见张新宝:《从隐私到个人信息:利益再衡量的理论与制度安排》,载《中国法学》2015 年第 3 期,第 51 页。

③ Rebecca Wong, "Data Protection Online: Alternative Approaches to Sensitive Data?", *Journal of International Commercial Law and Technology* 2.1(2007):3.

学信仰、工会会员身份的个人数据,以及处理有关健康或性生活的数据。①欧盟《通用数据保护条例》在此基础上新增了个人的遗传数据、生物识别数据和性取向。②此"变革的出发点之一便是回应过去二十余年信息技术浪潮快速更迭带来的数据保护新问题。"③其次,敏感个人信息合理使用制度也是为了迎合敏感性的动态变化。基于侵害的容易性,敏感个人信息的处理原则上必须获得自然人的同意。在某些特殊场景下,如为履行法定职责或者法定义务所必需,信息处理者则可以不经自然人同意即处理敏感信息,此时行为人无须承担民事责任。④如欧盟《通用数据保护条例》第 9 条第 2 款(b)至(j)项和我国《民法典》第 999 条、第 1036 条和《个人信息保护法》第 13 条设置的合理使用制度,均是对敏感性的动态判定。可见,个人信息的敏感度是动态的,是多维度的,依解释对象、解释背景和解释时间的不同处于变化的状态。在界定敏感性程度时应考量所处场景、个人信息处理目的、社会现状等多层因素。⑤综上所述,私密信息中的特定内容使得信息可识别至特定自然人,又鉴于隐私"不愿为他人知晓",私人性与秘密性共同构成了私密性。部分私密信息与敏感信息重合,便具

---

① Article 8.1, Directive 95/46/EC of the European Parliament and of the Council of 24 October 1995 on the protection of individuals with regard to the processing of personal data and on the free movement of such data.

② Art. 9,1, General Data Protection Regulation.

③ 张新宝、葛鑫:《个人信息保护法(专家建议稿)及立法理由》,中国人民大学出版社 2021 年版,第 23 页。

④ 参见程啸:《论我国民法典中的个人信息合理使用制度》,载《中外法学》2020 年第 4 期,第 1004 页。

⑤ 参见王苑:《敏感个人信息的概念界定与要素判断——以〈个人信息保护〉第 28 条为中心》,载《环球法律评论》2022 年第 2 期,第 89 页。

有了敏感性。针对私密信息的"可识别性",可构建匿名化体系进行保护。"私密性"援引合理期待理论进行界定,符合社会一般认知。"敏感性"也应在动态场景中具体分析,不应恪守成规。

### 三、私密信息的保护模式选择 *

我国学界关于私密信息的保护主要聚焦于隐私权保护模式与个人信息权益保护模式两种,但两种模式均有不足之处。原因在于,在敏感个人信息与私密信息缺乏统一区分标准的情况下,上述两种模式可能"失灵",故构建人格利益与财产利益二分下的私密信息保护模式实属必要。

#### 1. 隐私权保护模式

有学者认为,依据《民法典》第1032条第2款和第1034条第3款,私密信息应受隐私权相关规定的调整,由此确立了"私密信息优先适用隐私权规定"的规则,①也成为私密信息采取隐私权保护模式的主要法律依据,具有一定的合理性。可见,立法者"试图通过私密信息的概念,区分隐私权保护和个人信息保护不同的适用范围和适用顺位"②。全国人大常委会法工委民法室主任黄薇指出,隐私权对私密信息的保护程度更高,个人信息保护的相

---

＊ 本节节选自杨显滨:《论我国私密信息保护模式的再造与实现》,原文拟刊载于《中外法学》2023年第6期。

① 参见王苑:《个人信息保护在民法中的表达——兼论民法与个人信息保护法之关系》,载《华东政法大学学报》2021年第2期,第79页;石佳友:《隐私权与个人信息关系的再思考》,载《上海政法学院学报(法治论丛)》2021年第5期,第96页;王利明:《论〈个人信息保护法〉与〈民法典〉的适用关系》,载《湖湘法学评论》2021年第1期,第27页。

② 陈甦、谢鸿飞主编:《民法典评注·人格权编》,中国法制出版社2020年版,第358页。

关规定对私密信息的保护只是隐私权对私密信息保护相关规定的补充。①对此，王利明教授认为，隐私权保护模式是基于权利不得减损原则和人格尊严高于私法自治的保护原则。②一方面，《民法典》第111条规定的个人信息不与前条规定的一般人格权与具体人格权并列，这表明个人信息的保护位阶低于一般人格权和具体人格权。③另一方面，《个人信息保护法》第1条和第2条关于"个人信息权益"的表述表明，信息主体对个人信息享有的是民事权益，而非民事权利。依照民事权益位阶理论，"在众多基本权利之中，如果发生权利冲突，可以依据权利位阶秩序等级表，得出何种权利优先的结论"④。隐私权保护模式遵循的就是隐私权（民事权利）优于个人信息权益（民事权益）进行保护的民事权益位阶理论。⑤第一，隐私权与个人信息权益分别采取不同保护模式。隐私权的权利化保护模式赋予权利主体排除他人干涉的权能，即他人的故意或者过失致害本身可构成侵权；个人信息的行为规制模式从他人行为控制的角度构建利益空间，要求信息主体只有在他人特定行为侵害其利益时才得以维护其利益。⑥第二，

---

① 参见黄薇主编：《中华人民共和国民法典人格权编解读》，中国法制出版社2020年版，第212页。
② 参见王利明：《和而不同：隐私权与个人信息的规则界分和适用》，载《法学评论》2021年第2期，第19页。
③ 参见冉克平：《论〈民法典〉视野下个人隐私信息的保护与利用》，载《社会科学辑刊》2021年第5期，第107页。
④ 王利明：《论民事权益位阶：以〈民法典〉为中心》，载《中国法学》2022年第1期，第35页。
⑤ 程啸：《论我国民法典中个人信息权益的性质》，载《政治与法律》2020年第8期，第12页；程啸：《我国〈民法典〉个人信息保护制度的创新与发展》，载《财经法学》2020年第4期，第36-38页。
⑥ 参见叶金强：《〈民法总则〉"民事权利章"的得与失》，载《中外法学》2017年第3期，第650-651页。

相较于大多数侵权行为、违法行为将"必须证明已遭受损害"作为其成立要件，[①]隐私权保护有其特殊性，只要有刺探、泄漏、公开等违法行为，行为人就应当承担侵权责任，无需证明损害。[②]在"孙某某诉中国联合网络通信有限公司上海市分公司侵犯隐私权纠纷案"[③]中，法院认为，精神损害无需证明即存在。只要有未经许可向第三人披露他人私人信息的事实存在即构成侵害。"无需考虑第三人究竟给原告带来的是利益还是损害，私人信息为第三人所知本身即为损害。"在"山东鸿冠嘉翔物业服务有限公司、袁立国等名誉权纠纷案"[④]中，法院以被告公开未进行匿名化处理的民事起诉状、开庭传票等材料影响原告的社会评价为由认定隐私权侵权成立，没有要求原告证明损害。然而，根据《个人信息保护法》第 69 条第 1 款规定，个人信息权益遭受损害的，信息主体可以主张损害赔偿请求权，但要"证明损害的存在"。另有学者声称，私密信息侵权责任的免责事由严于非私密信息。《民法典》第1033 条规定的隐私权侵权责任的免责事由之一是"权利人明确同意"，不同于该法第 1035 条第 1 款第 1 项和第 1038 条第 1 款为个人信息侵权责任设置的自然人或者其监护人"同意"的免责事由。"显然，对隐私权的保护更为严格。"[⑤]隐私权保护模式也存

---

[①] Chuks Okpaluba, "Constitutional Damages and Proof of Damage: Recent Contributions of the Privy Council", *Tydskrif vir Hedendaagse Romeins-Hollandse Reg* (*Journal for Contemporary Roman-Dutch Law*) 74.4(2011):584.

[②] 参见王利明:《和而不同:隐私权与个人信息的规则界分和适用》,载《法学评论》2021 年第 2 期,第 18 页。

[③] 参见上海市浦东新区人民法院(2009)浦民一(民)初字第 9737 号民事判决书。

[④] 参见山东省聊城市中级人民法院(2022)鲁 15 民终 731 号民事判决书。

[⑤] 王利明:《民法典人格权编的亮点与创新》,载《中国法学》2020 年第 4 期,第 24 页。

在一定的不足,例如私密信息侵权责任的归责原则,若优先适用隐私权规定,则适用《民法典》第 1165 条第 1 款的过错责任原则;若适用个人信息保护规定,则为《个人信息保护法》第 69 条的过错推定责任原则,被害人的举证责任大大减轻,更有利于保护私密信息,这与立法初衷似乎相违背。故此,私密信息保护若采用隐私权保护模式则无法实现私密信息"强保护"的立法目的,应另辟蹊径。

### 2. 个人信息权益保护模式

基于隐私权保护模式存在弊端,有学者认为,个人信息权益保护模式的强度更大、效果更好,[①]尤其是通过敏感个人信息保护私密信息。与一般个人信息不同,"敏感个人信息通常受到更高层级的保护"[②]。在权利内容方面,自然人对隐私享有的是"消极的或防护性的保护"[③]的权利。隐私权是一种排除他人对个人私人生活进行干预的权利,[④]"隐私独立性建立了一个维护人之尊严的防御墙,使个人得以有所保留,对抗外力干预"[⑤]。而"个人信息保护制度不仅包含对公民消极性信息权利的保护,而且还包含对一系列积极性信息权利的保护",[⑥]《民法典》第 1037 条和《个人信息保护法》第 44 条至第 50 条便是例证。在归责原则方

---

① 参见吕炳斌:《个人信息权作为民事权利之证成:以知识产权为参照》,载《中国法学》2019 年第 4 期,第 50 页。

② Bart van der Sloot, "Is Tax Data Sensitive Data", *European Data Protection Law Review* 2.2(2016): 265.

③ 高富平:《个人信息保护:从个人控制到社会控制》,载《法学研究》2018 年第 3 期,第 90 页。

④ 参见佟柔主编:《中国民法》,法律出版社 1990 年版,487 页。

⑤ 王泽鉴:《人格权法:法释义学、比较法、案例研究》,北京大学出版社 2020 年版,第 179-180 页。

⑥ 丁晓东:《个人信息保护:原理与实践》,法律出版社 2021 年版,第 72 页。

面,私密信息属于隐私,侵害私密信息造成损害的,可以适用《民法典》第 995 条第 1 句的引致条款。"引致到侵权责任编,适用侵权责任损害赔偿请求权",①适用《民法典》第 1165 条第 1 款的过错责任原则。将私密信息纳入敏感个人信息,侵害个人信息权益造成信息主体损害的,适用《个人信息保护法》第 69 条的过错推定责任原则,解决了隐私权保护模式下适用过错责任原则导致权利人举证责任重的问题。在救济路径方面,侵害隐私权的救济路径主要是私力救济,包括行使人格权请求权、申请人格权禁令及行使损害赔偿请求权等;侵害个人信息权益的救济路径除私力救济外,"有赖于监管部门的积极监管",②《个人信息保护法》第六章"履行个人信息保护职责的部门"可以佐证。《中华人民共和国刑法》第 253 条也规定了侵犯公民个人信息罪。在免责事由方面,《个人信息保护法》第 29 条规定,处理敏感个人信息需要"单独同意"或"书面同意",强度上大于《民法典》第 1033 条处理私密信息所要求的"明确同意"。"单独同意""在文义应解释为'独立的、不和其他一起的',即该同意应该是独立且明确的'专项同意'。"③"书面同意"要求"处理者必须取得个人亲笔签名的针对其敏感个人信息的处理表示同意的纸质同意书"④。在保护制度方面,个人信息采取事前"自设计时起的信息保护"原则,如处理

① 王利明:《〈民法典〉人格权编的立法亮点、特色与适用》,载《法律适用》2020 年第 17 期,第 17 页。
② 王利明:《敏感个人信息保护的基本问题——以〈民法典〉和〈个人信息保护法〉的解释为背景》,载《当代法学》2022 年第 1 期,第 7 页。
③ 龙卫球:《中华人民共和国个人信息保护法释义》,中国法制出版社 2021 年版,第 142 页。
④ 程啸:《个人信息保护法理解与适用》,中国法制出版社 2021 年版,第 273 页。

前的知情同意规则(《个人信息保护法》第 13 条)和数据出境前的安全审查义务(《个人信息保护法》第 36 条),隐私权则一般是在侵害行为发生后采取保护措施。①在权益设置方面,《个人信息保护法》第四章为信息主体设置了一系列如知情权、查阅权、复制权、更正权、可携权的"个人在个人信息处理活动中的权利","比对隐私权的保护更加周全"②。因此私密信息纳入敏感个人信息所获得的保护强度大于隐私。

　　私密信息的保护无论是适用个人信息权益保护模式抑或隐私权保护模式,都需建立在一个前提预设之上——私密信息与敏感个人信息的区分标准是具体的、确定的,但这一标准的构建至今难尽人意。若以私密性区分私密信息与敏感个人信息,会与现有法律制度龃龉不合。《个人信息保护法》第 28 条第 1 款采用"一旦泄露或者非法使用"的措辞表明敏感个人信息亦具有私密性,可见这一区分方式值得推敲。此外,个人信息的集合化处理可能使经匿名化处理的私密信息重新获得可识别性,对私密性区分标准构成挑战。有学者指出,"一般不允许将隐私作集合化处理。而敏感个人信息在被收集之后,则可能形成集合信息"③。不过信息主体主张权利时往往难以知晓信息是否进行过集合化处理,该标准有名存而实亡之嫌。另有学者提出私密信息与敏感

① 参见石佳友:《隐私权与个人信息关系的再思考》,载《上海政法学院学报(法治论丛)》2021 年第 5 期,第 95 页。
② 张建文、时诚:《〈个人信息保护法〉视野下隐私权与个人信息权益的相互关系——以私密信息的法律适用为中心》,载《苏州大学学报(哲学社会科学版)》2022 年第 2 期,第 55 页。
③ 王利明:《敏感个人信息保护的基本问题——以〈民法典〉和〈个人信息保护法〉的解释为背景》,载《当代法学》2022 年第 1 期,第 7 页。

个人信息的区分"需要司法机关在个案中作场景化的思考和分析",①即场景理论。②但场景理论没有定式、难以考量,导致场景理论下的"隐私规范因地区而异、因文化而异、因时间而异",③必须赋予法官较大的自由裁量权。不同法官在不同情况下作出不同的判断,同案不同判现象在所难免。有学者则主张,私密信息等隐私"原则上不得用于商业用途;而个人信息则根据实际情况具备可处分性和有价值性"④。对此有学者认为,《民法典》第993条中的"等"字"还可能包括隐私"等,⑤隐私也可以许可使用,进行商业化利用。故此以是否可以商业化作为区分私密信息与敏感个人信息的标准亦不可行。可见,目前学界众说纷纭,界定敏感信息与私密信息的统一标准仍未形成,采用个人信息权益保护模式或者隐私权保护模式均缺乏现实可操作性。

### 3. 私密信息保护模式的可能性突破

无论是隐私权保护模式还是个人信息权益保护模式,都希冀解决保护私密信息是适用《民法典》抑或《个人信息保护法》的问题。依循《民法典》第1032条第2款和第1034条第3款,可采用隐私权保护模式者,适用《民法典》。依据《个人信息保护法》第28条第1款,可采用个人信息(敏感个人信息)权益保护模式者,

---

① 张新宝、魏艳伟:《司法信息公开的隐私权和个人信息保护研究》,载《比较法研究》2022年第2期,第114-115页。

② 参见王鹏鹏:《论个人信息区分的私法保护》,载《大连理工大学学报》2022年第3期,第94页。

③ Helen Nissenbaum, "Privacy as Contextual Integrity", *Washington Law Review* 79.1(2004):156.

④ 周健宇、周晨洋:《浅析敏感个人信息的界定与保护》,载《征信》2021年第11期,第58页。

⑤ 王利明:《人格权法》(第三版),中国人民大学出版社2021年版,第92页。

适用《个人信息保护法》。两种保护模式均通过固守私密信息保护的某一方面，以展示对私密信息的"强保护"姿态，契合私密信息兼具隐私与个人信息的双重属性。但任何一种保护模式的理论支撑，都必将成为另一种保护模式的缺陷。在现有私密信息与敏感个人信息区分标准均缺乏可操作性的前提下，可以尝试突破私密信息与敏感个人信息二分的现有保护模式的桎梏，在人格利益与财产利益二分下对私密信息保护模式进行重构。

探讨私密信息人格利益与财产利益的分离，可以同作为个人信息的肖像、姓名等人格要素为蓝本展开论述。"肖像权是自然人以肖像所体现的人格利益及财产利益为内容的民事权利。"[①]财产利益是肖像被商业化利用后产生的经济价值，如名人的肖像具有一定的社会知名度，被商业化利用后便会产生经济价值。[②]在"周传民诉北京丽星翼美医疗美容诊所有限公司网络侵权责任纠纷案"[③]中，法院认为，"原告作为演艺人员具有一定的社会知名度，其肖像已具有一定商业化利用价值"。《民法典》第1018条第1款规定，肖像一旦被许可使用，依附于人格利益的财产利益开始固化，如许可使用费等。就姓名而言，"姓名财产利益直接体现为一定的物质利益，该物质利益可以通过姓名的许可使用、作价投资或权利人的直接使用来实现"[④]。肖像、姓名与私密信息同作为个人信息，前者规则可以类推适用于后者，信息主体对私密

---

① 王利明：《人格权重大疑难问题研究》，法律出版社2019年版，第495页。
② 参见王利明：《王利明学术文集·人格权编》，北京大学出版社2020年版，第352页。
③ 参见北京互联网法院(2021)京0491民初42706号民事判决书。
④ 张善斌、冯兴俊：《姓名财产利益的法律保护》，载《法商研究》2002年第4期，第14页。

信息"既有人格利益,也有财产利益"①。而且,肖像权、姓名权、个人信息权益皆归属人格权益,具有人格利益与财产利益可分离的同质性。这为私密信息人格利益与财产利益二分保护模式的构建提供了法理基础。

侵害隐私权造成精神损害的,受害人诉诸于《民法典》第1165条虽要证明损害,但法院通常根据侵权行为的性质、过错程度、损害后果等判断损害及其大小,实际免除了受害人的证明责任。另外,由隐私权保护私密信息人格利益者,权利人可以主张《民法典》第995条人格权请求权和第997条人格权禁令,故而,私密信息人格利益通过隐私权进行保护具有一定优势,预防损害的法律价值更高。

相较于通过隐私权实现对私密信息人格利益的保护,私密信息财产利益的保护难以被隐私所涵盖,此前,美国"州立法机构通常采用法律虚构,将个人信息视为仅受隐私权保护,然,其却不断将财产权扩展到个人信息领域",②实现个人信息所承载的人格利益与财产利益的分开保护。这与个人信息,尤其是私密信息的复杂属性密切相关。私密信息是个人信息与隐私的"桥梁",③主要表现为私密信息与敏感个人信息的交叉重合,这为应用个人信息权益保护私密信息财产利益提供了法律基础。具体诠释如下:一是《个人信息保护法》第28条第1款设置了处理敏感个人信息

---

① 尹玲容:《论隐私权的商品化》,载《时代法学》2016年第3期,第70页。

② Alessandra Masciandaro, "Cleaning-up after Carpenter: Personal Data as Property under the Fourth Amendment", *Seton Hall Law Review* 51.4(2021):1260.

③ 参见申卫星:《数字权利体系再造:迈向隐私、信息与数据的差序格局》,载《政法论坛》2022年第3期,第91页。

的三个前提条件，"特定的目的""充分的必要性""采取严格保护措施"。①依据《民法典》第 1033 条，处理私密信息无此限制。二是严格的处理规则，处理敏感个人信息应当经过信息主体的"单独同意"或"书面同意"。"单独同意"是指"不得将单独同意事项与其他个人信息处理合并在同一个同意请求中"②。"书面同意"不但指向《民法典》第 469 条第 2 款规定的任何一种形式，而且"必须取得个人以纸质或电子形式作出的同意"③。前已述及，处理作为隐私的私密信息须经"权利人明确同意"，程度上弱于"单独同意"或"书面同意"。三是增加特殊告知事项。《个人信息保护法》第 30 条规定个人信息处理者处理敏感个人信息的，应告知处理信息的"必要性以及对个人权益的影响"。这是相对于该法第 17 条第 1 款额外增加的告知事项。按照《民法典》第 1033 条规定，处理私密信息无此要求。四是采用过错推定责任。与隐私权侵权损害赔偿的过错责任相比，可以减轻受害人的举证责任。可见，相较于"隐私权没有充分解决那些……人格商业化的困境"，④在人格利益与财产利益二分下对私密信息保护模式进行建构具有一定的合理性。

---

① 孙清白：《敏感个人信息保护的特殊制度逻辑及其规制策略》，载《行政法研究》2022 年第 1 期，第 123 页；田野：《职场智能监控下的劳动者个人信息保护——以目的原则为中心》，载《中国法学》2022 年第 3 期，第 111 页。

② 王洪亮、李依怡：《个人信息处理中"同意规则"的法教义学构造》，载《江苏社会科学》2022 年第 3 期，第 112 页。

③ 郭锋、陈龙业、贾玉慧：《〈个人信息保护法〉具体适用中的若干问题探讨——基于〈民法典〉与〈个人信息保护法〉关联的视角》，载《法律适用》2022 年第 1 期，第 16 页。

④ Susan H. Abramovitch, "Misappropriation of Personality", *Canadian Business Law Journal* 33.2 (2000): 230.

# 第三章　个人信息整体化：
## 个人信息法律保护的场景识别

　　个人隐私信息化是数字经济背景下隐私权与个人信息保护互动关系的一个朝向，另一个朝向便是个人信息向人格化、隐私化方向转化。传统的个人信息以"识别"特定自然人为要件，并且在具体形态上呈现出分立的特征，如身份证件号码与电话号码是两个不同的信息或称结构化数据。但在数字经济背景下，个人信息呈现出整体化特征，通过对散乱的、不具备识别功能的非结构化数据的挖掘，经由不同信息处理主体间的信息共享，再通过"用户画像"等技术手段，个人信息被人格化地整合，人格已具有"生物—信息"双重面向。以此为前提，"个人信息被用于各种场景的打分、分类、资源分配等活动……这些碎片化的信息拼凑出了自然人在数字社会中的人格形象，构成了数字社会中的人格评价基础"①。此种由数字经济直接催生出的数字人格与信息主体的现

---

① 彭诚信：《论个人信息的双重法律属性》，载《清华法学》2021年第6期，第81页。

实人格两相对立,有减损信息主体现实人格之虞。然,若为保护个人信息主体而采取"一刀切"的方式禁止个人信息的利用,又会导致个人信息财产利益荡然一空,得不偿失。在此背景下,可借助于场景化理论,将个人信息法律保护情境一一予以类型化处理,以实现个人信息安全保障与充分利用的衡平。为此,需重塑个人信息的界定标准,完善知情同意规则,衔接合理使用制度与知情同意规则,从而将个人信息法律保护范围限缩于合理场景之内,以实现个人信息保护与利用的平衡。

## 一、个人信息界定标准的重塑

### 1. 个人信息界定标准重塑之原则:静态向动态转变

作为个人信息保护制度构建的基础,个人信息界定标准的产生与发展决定着个人信息保护规则的适用范围,乃个人信息保护制度的重中之重。目前,世界各国均以静态的识别性标准作为认定个人信息的依据。该认定标准的静态性导致一旦某一信息未被界定为个人信息,信息主体便不再对此种信息享有个人信息权益,信息处理者对此亦不再承担相关义务。欧盟、日本、加拿大以及我国均采用的是"识别型"的个人信息定义方法。欧盟《通用数据保护条例》第 4 条第(1)款将个人信息定义为"任何已识别或可识别的自然人相关的信息"。受欧盟个人信息保护立法影响颇深的我国在《个人信息保护法》第 4 条亦作出相似规定。识别性似乎已成为界定个人信息的金科玉律,但伴随世界各国纷纷进入数字经济时代,识别型定义方法逐渐显露出诸多不足之处。随着数据收集、分析、处理、共享等科学技术的高速发展,在传统识别架构下的非个人信息在许多不同场景下也能够取得识别性,进而识别出特定主体。根据信息可识别程度的不同,以是否可依据相关个人信息直接识别特定自然人为标准,可以将个人信息分为直接识别个人信息与间接识别个人信息两大类。①囿于个人信息内涵的不确定性及其外延的模糊、法院相关认定能力的不足等因素,"当前立法对间接识别个人信息处理行为的严格规制理念并未在立法层面得到一以贯之的全面落实,且在一定程度上脱离了我国当下的社会现实与司法实践"②。缺乏可操作性的识别标准、静态的二元化定义方式、僵硬的二元化适用路径等局限迫使个人信息定义跳脱出传统架构,亟须重构动态灵活的新路径。

与其通过"概括＋列举"的方式找寻出个人信息的精准定义,倒不如将重点关注在个人信息的动态界定之上。应着眼于具体场景来理解个人信息的概念,而非脱离场景来界定个人信息的范围。③同一信息在不同场景下,可能落入不同的分类之中。例如,在传统的个人信息界定标准下,信息主体用于网络购物的电子信息本身并不能直接识别到特定自然人,故不属于个人信息。然而,在"蔡某某诉上海京东才奥电子商务有限公司网络购物合同纠纷案"④中,法院以多个与1号店关联的账户、设备、IP地址下单购买商品,订单收货人、联系电话、送货地址大多指向原告本人

---

① 参见邓建鹏、石立坤:《间接个人信息安全及法律保护》,载《中国信息安全》2020年第1期,第110页。

② 孙其华:《我国间接识别个人信息规制机制的检视与完善》,载《上海对外经贸大学学报》2022年第1期,第40页。

③ 参见沈伟伟:《个人信息匿名化的迷思——以〈个人信息保护法(草案)〉匿名化除外条款为例》,载《上海政法学院学报(法治论丛)》2021年第5期,第119页。

④ 参见上海市第二中级人民法院(2020)沪02民终5227号民事判决书。

为由，认定原告所使用的电子设备、所购买的商品属于个人信息。与此相反，在"王某、深圳市腾讯计算机系统有限公司个人信息保护纠纷案"[①]中，被上诉人腾讯公司认为，由于符合"哈尔滨地区男性"特征的自然人，属于不特定人群，无法指向"某个特定人"，无法证明该特征结合上诉人王某的头像、昵称信息能够实现"可识别性"效果，故不属于受法律保护的个人信息。此种看法实际上切割了个人信息与场景的关系，在该案的具体场景中，上诉人王某在微视中的"地区""性别"符合通过与其他信息结合识别特定自然人的特征，属于个人信息，理应受到法律的保护。可见，"个人信息的范围并不存在一个'预先'的精准界定，个人信息的界定是动态的，并高度依赖于所处的具体场景"[②]。由此，在司法实践中构建动态的个人信息界定标准已具有相当的现实需求与基础，在场景中的动态流动更能彰显个人信息独特的价值。顺应个人信息界定标准静态向动态转变的趋势，方能实现个人信息界定标准的与时俱进。

### 2. 个人信息界定标准之一：场景化控制

为避免前述由个人信息二元界定方式所带来的问题，个人信息概念的界定应采取场景化的界定方式。[③]丁晓东教授指出，"应将某一信息还原到具体场景的信息关系与信息实践中，弹性解释

---

① 参见广东省深圳市中级人民法院(2021)粤 03 民终 9583 号民事判决书。
② 范为：《大数据时代个人信息保护的路径重构》，载《环球法律评论》2016 年第 5 期，第 108 页。
③ 参见王苑：《敏感个人信息的概念界定与要素判断——以〈个人信息保护法〉第 28 条为中心》，载《环球法律评论》2022 年第 2 期，第 98 页。

信息的个人与非个人属性,从而实现对信息关系进行'场景化控制'(contextual control)"①。从识别主体看,能否达到识别效果、发挥识别作用,是相对于识别场景下识别主体而言的,既可能是较小的特定主体范围,也可能是较大的特定主体范围,甚至有可能是社会公众范围。不同识别主体所掌握的背景信息不同,与特定或者不特定的信息主体之间的社会关系也不同。例如对于"110 米栏的王牌华人选手"的信息,一个普通的中国人无须专业知识即可识别到刘翔,但对于外国人来讲却很难精准定位。具体到互联网平台环境,应当将识别主体理解为一般平台用户或潜在用户,而不应局限为平台信息处理者。从识别内容看,信息在不同的场景下有不同的分析逻辑,千变万化的现实生活中有极大可能存在未被现有法律界定为个人信息的信息类型。在"凌某某诉北京微播视界科技有限公司隐私权、个人信息权益网络侵权责任纠纷案"②中,原被告就"模糊地理位置""社交关系"等是否属于个人信息产生了争议。法院判决认为,不具有识别性的位置信息却能够体现出原告的社交关系,因而属于个人信息。无独有偶,欧盟法院在 Patrick Breyer v. Federal Republic of Germany 案中认为,动态 IP 地址本身无法直接识别至特定用户,若结合网络服务提供者(ISP)存储的其他数据后可以识别用户,则该动态 IP 地址是个人数据。③可见,对

① 丁晓东:《论个人信息概念的不确定性及其法律应对》,载《比较法研究》2022 年第 5 期,第 55 页。
② 参见北京互联网法院(2019)京 0491 民初 6694 号民事判决书。
③ Frederik Zuiderveen Borgesius, "The Breyer Case of the Court of Justice of the European Union: IP Addresses and the Personal Data Definition", *European Data Protection Law Review* 3.1 (2017):2.

个人信息判定不能陷入概念本质主义，个人信息外延边界的模糊性导致信息收集者可处理的个人信息范围在具体场景中得以扩大，场景特点、信息处理的目的与方式是个人信息界定应当具体考虑的因素。从识别技术看，个人信息的可识别性判断应是一种结合识别技术、成本与效益的动态判断。数字经济下的企业、政府部门等利用大数据广泛收集个人信息、分析用户画像及相关算法超强的更新升级能力使得个人信息失去可识别性、变得匿名化极为困难，理论上并不存在绝对的、不可复原的匿名化信息。"故而，确定信息是否符合可识别标准时应当充分考虑技术场景，将行为人掌握的技术资源以及实现再识别所需的技术难度、经济及时间等成本等考虑在内。"[1]从识别路径看，个人信息的识别路径分为绝对路径和相对路径，前者是指信息处理者穷尽一切可能的方法和手段来识别信息主体，欧盟即倾向于此种路径。"为了确定一个人是否可以被识别，应考虑数据控制者或者其他人使用的所有可能的合理方法（All the Means Likely Reasonably）识别的可能性。"[2]相对路径指信息处理者只采用必要的方法进行识别。[3]在特定场景中选择不同的识别路径决定了识别要素的范围，"'识别'要素的范围决定了'个人数据'概念的范围，而'个人

---

[1] 叶小琴、王肃之、赵忠东：《大数据时代公民个人信息可识别性认定模式的转型》，载《法治社会》2021 年第 6 期，第 31 页。

[2] See General Data Protection Regulation, Recital 26.

[3] Gerald Spindler, Philipp Schmechel, "Personal Data and Encryption in the European General Data Protection Regulation", Journal of Intellectual Property, *Information Technology and Electronic Commerce Law* 7(2016):165 - 166.

数据'概念的范围直接影响到个人数据的保护范围"[1]。从识别价值看,在具体场景下判断个人信息的识别性需根据利益衡量理论分析场景内的利益与价值冲突。在"俞延彬诉北京乐友达康科技有限公司等网络侵权责任纠纷案"[2]中,商主体乐友达康公司可以对其在经营过程中产生的信息进行记录留存或使用。然而,将交易信息进行一定程度的技术处理,形成用户身份识别代码,则可能与其他的信息一起识别出自然人的身份。因此,即使该信息是对商主体有商业价值的商业信息,仍可以将其认定为个人信息,商主体负有一定的必要义务以维护公民个人信息权益。可见,场景化控制下,面对个人信息的处理与保护,何时将自由价值置于高位阶,何时将安全价值置于高位阶取决于在具体场景中个人信息处理的目的、目标和价值取向。

### 3. 个人信息界定标准之二:风险评估

风险评估并不是与场景理念割裂的,二者在本质上密不可分。"风险评估与控制必须在相应的场景中进行,场景的构成要素同时也是风险评估的具体操作指标。"[3]风险评估标准实际上将侧重关注个人信息处理在具体场景中引发的隐私风险,意图解决传统架构下"全有或全无"的界定问题,希冀破解二元化的弊端。在具体场景中,当个人信息处理具有引发较大风险的可能性

---

[1] 程德理、赵丽丽:《个人信息保护中的"识别"要素研究》,载《河北法学》2020 年第 9 期,第 51 页。

[2] 参见北京市海淀区人民法院(2018)京 0108 民初 13661 号民事判决书。

[3] 范为:《大数据时代个人信息保护的路径重构》,载《环球法律评论》2016 年第 5 期,第 100 页。

时,可界定其为个人信息并加以保护。[1]即使该信息在其他场景未被界定为个人信息,也应课以信息处理者保护义务。反之,当信息处理在具体场景中引发较低隐私风险的可能性时,虽被界定为个人信息,也可课以较轻的保护义务,减轻信息处理者的合规负担。故,个人信息的界定取决于在具体场景中是否会给当事人带来不合理的隐私风险以及该隐私风险的大小。通过对不同场景信息处理的动态风险评估,根据风险等级划定管理措施等级,实现对个人信息的动态界定与保护。欧盟《通用数据保护条例》第22条将风险分成了低、中、高三个等级,为"有引发高隐私风险的可能性的行为"课以数据控制者更强的保护义务。然而,该条例并未从最重要的用户角度强调尊重用户在相应场景中的合理期待,更未将"风险程度低"作为个人信息处理的合法授权,而是继续强化传统知情同意的框架,最终无法突破传统路径的困境与局限。[2]

作为个人信息保护的重要理论,风险评估理论遍及个人信息处理的流程之中。个人信息从匿名化后的完全无法被识别到可识别再到已识别,反映的是识别的风险。匿名化作为一种隐私增强技术,可使信息无法再度识别到特定个人,因而在大多数国家不受个人信息保护法的规制,[3]我国《个人信息保护法》第4条亦有规定。由于各国的信息关系与实践存在显著差异,导致不同地

---

[1] 参见范为:《大数据时代个人信息定义的再审视》,载《信息安全与通信保密》2016年第10期,第73页。

[2] 参见范为:《大数据时代个人信息保护的路径重构》,载《环球法律评论》2016年第5期,第99页。

[3] 参见齐爱民、张哲:《识别与再识别:个人信息的概念界定与立法选择》,载《重庆大学学报(社会科学版)》2018年第2期,第126页。

区对个人信息识别的风险存在着较大争议。英国 ICO 认为,经法定匿名化的数据并非没有被再识别的风险,只需将被再识别的风险降低到微乎其微的可能性即可。①欧盟则采取的是更为严格的路径,试图将匿名化后被再识别的风险降到 0。殊不知,随着计算机技术的发展与进步,匿名化信息的再识别风险处于不断扩大的趋势之中。故,法定的匿名化无须达到欧盟强调的、完全没有被再识别风险的水平,只需信息处理者为匿名化付出一定的成本并将风险降低到一定程度即可。如果采取零风险或者接近零风险的保护措施,则无论多高层级的加密个人信息都无法实现真正的去识别化。"甚至完全匿名化的信息,由于此类信息仍然存在被重新识别和给个人带来风险的可能,也可能成为个人信息。"②美国著名学者保罗·欧姆(Paul Ohm)教授认为,应当放弃"匿名化"的尝试,转而探寻基于对具体信息风险的评估分别确立相应的个人信息保护标准。③从法经济学的角度看,这种严格的路径要求信息处理者付出过多的个人信息保护成本,无法带来与之相匹配的经济效益,承担了过重的合规负担。

## 二、个人信息知情同意规则的完善

如前所述,《个人信息保护法》的出台确立了以知情同意规则

---

① Information Commissioner's Office, Anonymisation: Managing Data Protection Risk Code of Practice, https://ico.org.uk/media/1061/anonymisation-code.pdf, last visited on 8ᵗʰ February 2023.

② 丁晓东:《论个人信息概念的不确定性及其法律应对》,载《比较法研究》2022 年第 5 期,第 53 页。

③ See Paul Ohm, "Broken Promises of Privacy: Responding to the Surprising Failure of Anonymization", *UCLA Law Review* 57(2010):1701 - 1778.

为核心的个人信息保护制度。但是,在数字经济的时代背景下,知情同意规则面临着诸多困境,包括但不限于隐私声明冗长艰涩、用户未经阅读就点击同意、选择权被架空等,日渐异化成为信息处理者的免责手段。①现有的知情同意规则亟须变革。完善知情同意规则应以场景理论为指导,引入隐私风险评估机制,在信息主体合理期待利益内豁免个人同意;遵循损益相抵原则,在利益衡量、法益位阶理论的指导下考量信息主体的容忍义务,以期构建一个能敏锐应对种种处理场景的知情同意规则。

### 1. 以场景理论为指导

传统的知情同意规则在大数据时代受到场景复杂性的挑战,无法涵盖信息收集与处理的所有可能性,②似乎走向了穷途末路。事实上,知情同意规则仍然是个人信息保护的重要防线,应在坚守知情同意规则基础地位的前提下,充分发挥场景理论的指导作用,进而完善知情同意规则。场景理论之所以能完善现有的知情同意规则,原因在于其秉持个案分析的精神,转变传统框架中知情同意的固化思维,在个人信息处理所处的具体场景中判断是否符合用户的合理隐私期待以及是否造成了不合理的隐私风险,以促进个人信息的利用与流通。③此外,动态的隐私风险是决

---

① 参见田野:《大数据时代知情同意原则的困境与出路——以生物资料库的个人信息保护为例》,载《法制与社会发展》2018 年第 6 期,第 118 页。

② 参见蔡星月:《数据主体的"弱同意"及其规范结构》,载《比较法研究》2019 年第 4 期,第 78 页。

③ 参见范为:《大数据时代个人信息保护的路径重构》,载《环球法律评论》2016 年第 5 期,第 100 页。

定同意模式设置严格程度的核心,因大数据应用场景的多样化,风险评估工作也必须在特定情境下进行。[①]

隐私场景理论的提出者海伦·尼森鲍姆(Helen Nissenbaum)认为,场景理论应作为隐私保护的"基石"。[②]信息保护的边界并非固定和僵化,在具体的场景下应遵守不同的动态规则,以应对不同场景中出现的不同因素。[③]该理论目前已成为美国隐私权保护的主流理论。美国2012年《网络环境下消费者的数据隐私保护》体现了依场景评估信息敏感性的理念。2015年《消费者隐私权利法案(草案)》更是在同意规则中直接引入场景理念,提出可根据三种风险等级建立层级化的知情同意规则。在特定的合理场景之下无须用户的明示同意,直接允许信息处理行为;在不合理的场景下进行风险评估与降低工作,给予信息主体"选择退出"(opt-out)的权利,如行使删除权、撤回同意权等,[④]是对传统静态僵化的知情同意规则的适当变通。通过对场景的合理性判断,决定信息主体是否能够通过"选择退出"机制拒绝个人信息的处理,从而跳脱出以用户同意作为主要合法性依据的传统知情同意框架。对此,有学者认为,"选择退出"机制赋予信息处理者在信息主体不反对的情况下,处理个人信息的权利。此种设置使信息主

---

① 参见田野:《大数据时代知情同意原则的困境与出路——以生物资料库的个人信息保护为例》,载《法制与社会发展》2018年第6期,第131页。

② [美]海伦·尼森鲍姆:《场景中的隐私:技术、政治和社会生活中的和谐》,王苑等译,法律出版社2022年版,第129页。

③ Helen Nissenbaum, Privacy as Contextual Integrity, *Washington Law Review* 79(2004):119 - 157.

④ Administration Discussion Draft: Consumer Privacy Bill of Rights Act of 2015, The White House, http://www. whitehouse. gov/sites/default/files/omb/legislative/letters/cpbr-act-of-2015-discussion-draft.pdf, ec.4(g), last visited on 8th February 2023.

体面临更大的隐私风险,为避免信息主体承担过高的隐私风险,依然应当适用知情同意规则。[①]也有学者认为,只有在合理场景下才可不问个人同意与否而直接启动信息处理,否则仍需按照明示同意规则处理。[②]场景理论下,以默示同意个人信息利用作为重要内容的"选择退出"机制有其存在的价值,理由如下:数字经济时代背景下,会有越来越多的信息成为个人信息,个人信息的收集、处理愈发频繁。从实证主义的角度看,默示同意能在实践中发挥其较少干预信息处理的优势。在信息处理者充分履行告知义务的情况下,由信息主体进行信息自决并无不妥。在"朱烨诉百度隐私权纠纷案"[③]中,法院即认可了默示同意的合法性,隐私权保护声明及"选择退出"机制,已足以保障用户权利。

在场景理论的指导下,必须处理好用户控制与处理者处理的动态平衡利益关系。在信息处理具体场景符合用户合理利益期待、构成合理使用的情况下,弱化用户控制,豁免知情同意,减轻信息处理者与信息主体的负担;在信息处理风险程度较高时,要求信息处理者及时以显著方式告知信息主体具体场景下的风险评估结果及构成要素,采取积极措施降低风险,以信息主体未行使"选择退出"权利作为继续处理的条件;在信息处理风险程度非常高时,要求信息处理者立即停止信息处理并告知用户,仅在征求用户明示同意的情况下方可继续进行信息处理行为。结合我

---

① 参见范为:《大数据时代个人信息保护的路径重构》,载《环球法律评论》2016 年第 5 期,第 105 页。
② 参见蔡星月:《数据主体的"弱同意"及其规范结构》,载《比较法研究》2019 年第 4 期,第 83 页。
③ 参见江苏省南京市中级人民法院(2014)宁民终字第 5028 号民事判决书。

国实际情况,在场景理论中引入隐私风险评估机制,"尤其是在个人信息处理者成立独立的监督机构之后,隐私风险评估机制的建立便会具备更为有力的技术和人才保障"①。此外,值得注意的是"数据二十条"第 6 条指出,为"规范对个人信息的处理活动,不得采取'一揽子授权'、强制同意等方式过度收集个人信息"。可见,在以场景理论优化个人信息知情同意规则的前提下,仍须避免"一揽子授权"、强制同意等侵害信息主体权利的行为。综上,面对现有知情同意规则无法适应当下的个人信息处理需要的问题,以场景理论为指导,具体分析不同场景下个人信息处理的风险程度,类型化个人信息处理的合法性基础,方能实现个人信息处理与知情同意规则的有效结合与互动。

### 2. 以合理期待为限制

传统知情同意规则式微的根源在于忽视了不同场景中信息主体有的不同期待。"场景不同,信息主体对于处理其信息的容忍度及合理期待不同,不能设想所有的个人信息皆在统一场景中被处理。"②故,借用"合理隐私期待"规则对知情同意规则的完善有启发意义。"合理隐私期待"最早是 1967 年"Katz 案"③中提出的,最终在英美侵权法中总结了两个构成要件:第一是个人主观上有期待利益,第二是客观上个人期待利益得到社会一般人的认

---

① 顾文静:《论个人信息保护的告知同意规则》,中央民族大学 2021 年硕士学位论文,第 37 页。

② 赵祖斌:《从静态到动态:场景理论下的个人信息保护》,载《科学与社会》2021 年第 4 期,第 109 页。

③ Katz v. United States, 389 U.S. 347, (1967).

可。其应当归属于一种价值判断，需要围绕个人隐私利益的性质和侵犯隐私权行为的侵入程度之两种因素来作出裁判。当两种因素高度融合时，社会得以将主观期待视为合法且值得保护的隐私利益。[1]期待利益的"合理性"需要结合主客观标准来判断，美国法院通常采取"平衡测试"的裁判方法，综合考察"个人所应当承担的风险""经济利益""社会风俗""所在场所（场景）的惯例和期望"等因素，法院得以引入新的因素，并且赋予其不同的权重系数。[2]

"Katz案"确立公法上的"合理隐私期待"框架，通过类比（analogies）的方法跨越公私鸿沟，[3]但是尚需在不同的场景下予以建构。在不同的信息处理场合中，一方面，数据处理者的处理行为理应符合个人对不同情境下隐私受保护的合理期待。另一方面，不同的信息主体就信息处理的内容、方式、结果等享有迥然相异的合理期待利益。原因在于，不同场合下个人信息与信息主体、信息处理者之间的关系呈现出个别差异化的特征。评判信息主体主观上差异化的利益期待是否合理，需要借助客观标准、参考客观事实进行判断。不仅要充分关注到社会一般人是否能接受差异化的利益期待、行业惯例、社会习惯，还需综合考虑信息处理的场景化差异：信息处理者的信息处理技术水平、个人信息安全保障机制等均有所不同。例如高德地图、腾讯地图等软件在收集、处理用户行车信息的场景下，应当认为用户期待这类软件妥

---

① Brian J. Serr，"Great Expectations of Privacy：A New Model for Fourth Amendment Protection"，*73 Minn. L. Rev.* 583(1989)．

② Brian Mund，"Social Media Searches and the Reasonable Expectation of Privacy"，*19 Yale J. L. & Tech.* 238(2017)．

③ Victoria Schwartz，"Overcoming the Public-Private Divide in Privacy Analogies"，*67 Hastings L.J.* 143(2015)．

善保存用户车辆的出行状况、行程踪迹等个人信息,不进行违规贩卖、流转等行为是用户合理的利益期待。但无论是从社会一般人,还是从客观事实因素方面考量,都无法认同用户期待这类软件不能将行车信息用于分析交通路况、用户偏爱路线、通勤时长等数据是合理的利益期待。因此,在此场景下信息处理者可以豁免信息主体的同意,对行车信息进行符合合理期待理论的信息处理活动,减轻处理者与主体的负担。当然,若信息处理者的处理行为超出了个人基于情境的合理期待,则个人隐私存在被侵害的可能。此时只有在获取信息主体的明确同意后,信息处理者的处理方能具备合法性基础。①一旦切换场景,信息处理者、目的、场所产生变化,合理期待也会随着场景的变换而发生改变。

合理期待理论具有开放性,在实践中往往需要裁判者结合时代发展状况、社会一般认知等众多要素进行判断。因此,为克服合理期待理论的不确定性弊端,裁判者主要可以从以下三个要素进行考察:第一,信息处理行为对社会一般理性人的侵扰程度;第二,信息处理行为的对象与目的;第三,信息处理行为的成本与利益。在合理期待理论的指导下,当下信息主体拥有的合理期待将会决定明天法律如何保护我们的利益。②

### 3. 以容忍义务为导向

容忍义务常出现在相邻关系中,不动产相邻可能导致利益冲

---

① 参见郑佳宁:《知情同意原则在信息采集中的适用与规则构建》,载《东方法学》2020年第2期,第205页。

② 李友根:《容忍合理损害义务的法理——基于案例的整理与学说的梳理》,载《法学》2007年第7期,第126页。

突,此种利益冲突的必然性是法律对相邻关系设定容忍义务的根本原因。从理论学说、司法实践的发展看来,容忍义务逐渐摆脱相邻关系的桎梏,在其他领域开疆拓土。王利明教授认为,"容忍义务可适用于人格权领域",例如在隐私权保护中与言论自由、公共利益等权利或利益的平衡。①如在"范志毅诉文汇新民联合报业集团名誉权纠纷案"②中,法院认为,公众人物必须对媒体的正当舆论监督造成的轻微损害予以容忍,是容忍义务在物权领域外的有益尝试。由于利益冲突的普遍性与法律调整利益关系的根本属性,容忍合理损害义务普遍存在。③当信息处理者在轻微合理范围内损害信息主体个人信息权益的,信息主体对该行为应当负有私法上的容忍义务。如《民法典》第 1195 条规定,网络服务提供者在收到通知后及时采取删除、屏蔽、断开链接等必要措施的,免于承担侵权责任。换言之,当信息处理者因采取必要措施而对信息主体造成侵扰时,信息主体对其负有容忍义务。④在"任甲玉诉北京百度网讯科技有限公司名誉权、姓名权、一般人格权纠纷案"⑤中,搜索引擎基于自动化算法生成的相关搜索词令社会大众对当事人产生消极看法。法院认为,尽管该行为对当事人造成侵扰,但当事人对此负有容忍义务,信息处理者的行为并不构成侵权。在"凌某某诉北京微播视界科技有限公司隐私权、个

---

① 王利明:《论相邻关系中的容忍义务》,载《社会科学研究》2020 年第 4 期,第 19 页。
② 参见上海市静安区人民法院(2002)静民一(民)初字第 1776 号民事判决书。
③ 参见李友根:《容忍合理损害义务的法理——基于案例的整理与学说的梳理》,载《法学》2007 年第 7 期,第 125 页。
④ 参见郭红伟:《论网络私人生活安宁权及其保护限度》,载《华东政法大学学报》2022 年第 6 期,第 90 页。
⑤ 参见北京市海淀区人民法院(2015)海民初字第 17417 号民事判决书。

人信息权益网络侵权责任纠纷案"①中,法院认定在没有对信息主体造成"不合理损害"的前提下,处理某些个人信息可以不必征得信息主体的同意。在个人信息收集、处理过程中,信息主体本有保全其个人信息独占性、免受其他社会主体侵犯的利益;信息处理者亦有利用个人信息形成信息聚合以获取企业财产利益、维护社会公共利益等需求。如政府为疫情防控收集分析公民行程轨迹、采样结果以了解地区疫情实际状况,必要时公布感染者姓氏、行程轨迹等信息以维护社会安定。对于此种利益冲突,法律应要求信息主体负担容忍处理行为造成的轻微合理损害的义务,或行为人对此不承担责任。另外,这也表现为赋予信息处理者免除告知义务、豁免信息主体同意等权利。

当两种利益冲突时,法院在个案中应当进行全面的利益衡量,②以确定应当优先保护哪一种权利,同时使另一方负有必要的容忍义务。如何界定"轻微合理损害"的边界,是防止容忍义务滥用的关键所在。"德国法上,判断某种侵扰是否具备'合理性',是从一个理性的正常人的理解出发进行利益衡量,并以地方习惯以及被侵扰的不动产的用途来评价侵扰的程度和持续时间,此外还要考虑到基本权利所体现的价值和大众利益。"③判断是否为"轻微合理损害",应在利益衡量、法益位阶理论的指导下,辅之以"理性人"标准,综合考量信息处理具体场景中的各种因素。有学

---

① 参见北京互联网法院民事判决书(2019)京 0491 民初 6694 号民事判决书。
② 参见〔奥〕赫尔穆特·考茨欧、亚历山大·瓦齐莱克:《针对大众媒体侵害人格权的保护:各种制度与实践》,匡敦校等译,中国法制出版社 2012 年版,第 29 页。
③ 焦富民:《容忍义务:相邻权扩张与限制的基点——以不可量物侵扰制度为中心》,载《政法论坛》2013 年第 4 期,第 118 页。

者认为，由于权利的享有与义务的履行具有结构上的对等关系，容忍义务的设定应当遵循损益相抵原则，也即赋予履行义务产生的损失补偿达到比例上的均衡关系。①在设定容忍义务的信息处理场景中，信息主体通过让渡个人信息的独占、流通权利，造成"轻微合理的自决权损失"。换来的不仅仅是继续享受信息处理者服务的这种隐性财产利益对价，还应当包括要求信息处理者提供能体现具体财产利益的实质补偿，如许多 App 会根据用户的消费金额、使用频率划定白金会员、钻石会员之类的等级制度，给予不同等级的用户不同的消费优惠、满减优惠等财产利益。信息处理者应提供给履行了容忍义务的信息主体更高等级的优惠力度、更多的功能享用，才可满足损益相抵原则，达到比例上的均衡。在知情同意规则中引入信息主体的容忍义务，是数字经济时代下社会成员之间消除了一定的物理隔阂，社会合作不断加强的时代要求。信息主体不再仅仅是数据的生产者之一，还是数据的消费者。数据不断聚集、流通带来的巨大社会福利，不仅满足信息处理者日益增长的信息处理需求，亦惠及每个信息主体。

### 三、个人信息的合理使用制度与知情同意规则的协调适用

#### 1. 个人信息合理使用的原则导向：场景理论

个人信息保护的概念提出伊始即伴随着知情同意规则的产生与发展。时至今日，知情同意规则仍被视为个人信息与数据流

---

① 参见胡杰：《论私法意义上的容忍义务》，载《江海学刊》2015 年第 2 期，第 137 页。

通的金科玉律。①数据二十条明确提出,"推动基于知情同意或存在法定事由的数据流通使用模式,保障数据来源者享有获取或复制转移由其促成产生数据的权益"。然,鉴于前所述的知情同意规则的结构性矛盾与时代局限性,亟须一项制度来协调个人信息保护与个人信息流通的关系。个人信息的合理使用制度允许信息处理者不经信息主体或其监护人同意直接处理个人信息,基于法律规定而赋予处理行为以合法性。②该制度的引入,实现了在不损害信息主体权益的前提下,促进信息流通使用、增加社会财富的价值目标。我国《民法典》第 1036 条与《个人信息保护法》第 13 条第 1 款对个人信息合理使用的情形作出了具体规定,与各国个人信息保护立法相差不大,主要是在维护公共利益与重要民事权益、处理已经公开的个人信息等情形下,可以不经信息主体的同意而作出合理范围内的处理。亦即,"个人信息合理使用是法律基于公共利益等对人格权益进行的限制",③是为了实现《个人信息保护法》第 1 条所规定的"促进个人信息合理利用"的目的。该条款反映,需根据信息主体对个人信息处理不同的接受程度,而为个人信息保护范围划定边界。在不同的场景中,信息主体的敏感程度受多重因素影响。④因此,个人信息处理的边界固

---

① 参见张新宝:《个人信息收集:告知同意原则适用的限制》,载《比较法研究》2019 年第 6 期,第 2 页。

② 参见李世刚、屈然:《论敏感个人信息的合理使用》,载《江苏社会科学》2022 年第 6 期,第 159 页。

③ 程啸:《论我国民法典中的个人信息合理使用制度》,载《中外法学》2020 年第 4 期,第 1005 页。

④ 参见王苑:《敏感个人信息的概念界定与要素判断——以〈个人信息保护〉第 28 条为中心》,载《环球法律评论》2022 年第 2 期,第 89 页。

然不可能是僵化不变的,而是动态灵活的。①是否构成个人信息的合理使用,在不同的场景下会得出不同的结论。如在"凌某某诉北京微播视界科技有限公司隐私权、个人信息权益网络侵权责任纠纷案"②中,法院认为"对个人信息绝对化的保护,可能会导致个人信息处理和数据利用的成本过高,甚至阻碍信息产业的健康发展",因此需要在"具体应用场景中"考察是否存在个人信息合理使用的情形。"合理性"的判断应综合场景内多种因素进行"程度性"衡量,最核心的衡量标准是对信息主体"隐私风险大小"的判断。如美国《消费者隐私权利法案(草案)》将隐私风险定义为,"使用信息在与其他信息进行结合分析时,对信息主体造成精神压力、人身、财产、职业或其他损害的可能性"③。在隐私风险较低的场景之下,信息处理者无须用户的明示同意,而能直接实施信息处理行为;若隐私风险较高,信息主体则享有"选择退出"(opt-out)的权利。受前述"程度性"衡量因素的影响,信息主体在不同的信息处理场景中所面临的"隐私风险"有所不同。综合考量不同场景中信息主体所承担的"隐私风险"、信息处理的必要性等因素乃判断个人信息合理使用是否具有合理性的重要依据之一。

个人信息保护中的合理使用不同于著作权制度中的合理使用,后者是指"在一定条件下不经著作权人的许可,也不必向其支

---

① 参见谢远扬:《信息论视角下个人信息的价值——兼对隐私权保护模式的检讨》,载《清华法学》2015 年第 3 期,第 98 页。

② 参见北京互联网法院民事判决书(2019)京 0491 民初 6694 号民事判决书。

③ Administration Discussion Draft: Consumer Privacy Bill of Rights Act of 2015, The White House, http://www.whitehouse.gov/sites/default/files/omb/legislative/letters/cpbr-act-of-2015-discussion-draft.pdf, ec.4(g), last visited on 8th February 2023.

付报酬而对作品所进行的使用"①。着眼的是作品所带来的财产权益,旨在对著作权人的财产权利进行限制。个人信息对于自然人而言,其承载的人格权益较财产权益更为突出,立法者将个人信息保护的内容放在《民法典》第四编"人格权编"中即可见一斑。可是,这并不意味着个人信息不具有经济价值,恰恰相反的是,个人信息经过企业、政府的聚合分析会产生巨大的经济价值,自然人可出售个人信息,获得一定的财产对价。财产的稀缺性取决于人类社会的需求以及人类对该事物各方面的支配可能性,尽管单一的个人信息价值较小,②但现实中存在大量服务换取信息这一对价交易模式。这足以说明个人信息能够满足主体的特定效用,具有为主体所控制的财产属性。③"在尚无法律明晰数据控制者权利和个人信息权益的背景下,合理使用原则对平衡两种利益和指导相关制度设计意义重大。"④在场景理论的指导下,判断某项使用是否能构成合理使用,应当考虑具体使用的目的、个人信息的性质、使用对个人信息主体人格权益的影响程度等因素。

### 2. 个人信息合理使用的内在限制:比例原则

比例原则源自德国,本是针对行政裁量权过度侵犯公民权利的行为而产生的行政法原则。⑤在我国比例原则的适用呈现不断

---

① 冯晓青:《著作权合理使用制度之正当性研究》,载《现代法学》2009 年第 4 期,第 29 页。
② 参见张新宝:《论个人信息权益的构造》,载《中外法学》2021 年第 5 期,第 1155 页。
③ 参见施鸿鹏:《任意撤回权与合同拘束力的冲突与协调》,载《政治与法律》2022 年第 10 期,第 167–168 页。
④ 江波、张亚男:《大数据语境下的个人信息合理使用原则》,载《交大法学》2018 年第 3 期,第 112 页。
⑤ 参见梅扬:《比例原则的立法适用与展开》,载《甘肃政法大学学报》2022 年第 4 期,第 1 页。

扩张的趋势,不仅行政法、刑法等公法领域强调比例原则的指导
价值,就连私法领域也逐渐认可比例原则的作用。①该原则引申
至私法中,多用于考虑不同权利达到的目的性大小以及牺牲一方
权益的损失大小间的利益平衡。②个人信息的合理使用意味着为
了维护公共利益等正当理由可以适当限制信息主体的个人信息
权益。庞德认为,被法律所保护的利益可以进行层次划分与位阶
排序,具有可共享性与受益主体广泛性等特征的公共利益较之于
私益应适当受到偏重保护。③权衡个人利益与公共利益正是比例
原则的目的与功能所在,它符合功利主义法学视野下"最大多数
人的最大幸福"之诉求。据此,比例原则可以发挥"限制之限制"
的功能。比例原则涵射"适当性、必要性和均衡性三个子原
则"④。适当性原则是指基于某种目的可以对基本权利进行限制,但
所采取的手段必须与所追求的目的相适应,不能超过必要限度;必要
性原则要求在系列干预手段中,应当选取对基本权利干涉最轻的手
段,尽量减少对基本权利的干涉;均衡性原则要求采取的必要措施与
其追求的结果之间并非不成比例,不能过度干涉基本权利的行
使。⑤早在 1999 年,欧盟数据保护委员会下属工作组通过的立法

---

① 参见纪海龙:《比例原则在私法中的普适性及其例证》,载《政法论坛》2016 年第 3 期,第
　95 页;郑晓剑:《比例原则在民法上的适用及展开》,载《中国法学》2016 年第 2 期,第 143
　页;李海平:《比例原则在民法中适用的条件和路径——以民事审判实践为中心》,载《法
　制与社会发展》2018 年第 5 期,第 163 页。
② 参见曹丽:《相邻关系中的隐私安全隐患及法律保护——以化解权利冲突为视角》,载《上
　海政法学院学报(法治论丛)》2015 年第 9 期,第 62 页。
③ 参见[美]庞德:《通过法律的社会控制》,商务出版社 1984 年版,第 37 页,以及梁上上:
　《利益的层次结构与利益衡量的展开——兼评加藤一郎的利益衡量论》,载《法学研究》
　2002 年第 1 期,第 52 - 65 页。
④ 郑晓剑:《比例原则在民法上的适用及展开》,载《中国法学》2016 年第 2 期,第 145 页。
⑤ 参见[德]哈德穆特·毛雷尔:《行政法学总论》,高家伟译,法律出版社 2000 年版,第 238 页。

工作文件《关于公共部门信息和私人数据保护的第 3/99 号意见》中明确要求,在符合比例原则要求的前提下,各成员国可为实现信息的流通而限制信息主体的信息权益。①欧盟《通用数据保护条例》在"鉴于条款"中亦明确个人数据权利应当根据比例原则与其他基本权利保持平衡。②而这一点已在欧盟主要成员国的个人信息保护立法中有所体现。③在 2019 年"瑞典 GDPR 处罚第一案"中,瑞典数据保护局指出,学校采用人脸识别进行考勤不符合比例原则,应采取对学生个人信息权益侵害更小的其他方式实现考勤目的。④

    审视《个人信息保护法》第 13 条第 2 款至第 6 款,对个人信息权益合理使用作出的限制不仅需满足诸如公共利益等前提条件,亦需遵循"必要""合理"的基本原则。合理使用中的"合理"一词,本身就是比例原则的要求,是指"无论收集、加工,使用抑或提供、公开个人信息,都应当是在服务于法律规定合理使用所希望达到的目的的范围内,且手段和方式没有超过为实现该目的而可以采取的最缓和的方式"⑤。比例原则的三个子原则为判断是否符合必要、合理原则提供了具体的标准。三个子原则的适用需遵循一定的位阶顺序:首先,要考察对个人信息权益作出限制是

---

① 参见齐爱民、李仪:《论利益平衡视野下的个人信息权制度——在人格利益与信息自由之间》,载《法学评论》2011 年第 3 期,第 40 页。
② General Data Protection Regulation, Recital 4.
③ 参见德国《联邦数据保护法》第 41 节、英国《个人数据保护法》第 32 条、法国《个人数据保护法》第 67 条以及瑞典《个人数据法》第 7 条等。
④ 参见韩旭至:《敏感个人信息的界定及其处理前提——以〈个人信息保护法〉第 28 条为中心》,载《求是学刊》2022 年第 5 期,第 144 页。
⑤ 程啸:《论我国民法典中的个人信息合理使用制度》,载《中外法学》2022 年第 4 期,第 1008 页。

否有利于公共利益、保护重要民事权益等目的的达成;其次,考察是否采取的是对个人信息权益干预最少最轻的方法;最后,考察对个人信息权益最轻干预手段和所要保护的公共利益、重要民事权益之间在效果利益上是否达到均衡的程度。为避免法官在具体案件中滥用自由裁量权,应当结合场景与风险评估、利益衡量理论,强化法官在具体个案中对适用比例原则的论证说理义务。在均衡性阶段,均衡性的价值取向解释必须结合法益位阶理论等原理向当事人以及社会释明科学合理的价值裁量过程,以期在适用比例原则时不会陷入自由法学的泥潭。

### 3. 个人信息合理使用的特殊规则:敏感个人信息

《个人信息保护法》第 28 条对敏感个人信息的界定采用"概括＋列举"的方式,确定了敏感个人信息与一般个人信息相区别的核心要素在于其"敏感性"。也即,"一旦泄露或者非法使用,容易导致自然人的人格尊严受到侵害或者人身、财产安全受到危害的个人信息"。例如掌握特定自然人基因、指纹、声纹等生物识别信息的信息处理者"可以永久地识别特定自然人","这对个人的基本权利和人身财产权益可能造成何种危险将难以预测和控制"[1]。敏感个人信息的界定应采取"人格尊严"和"人身财产安全"标准,还需兼采"场景理论"。任何信息在特定场景中都有可能具有敏感性,应当围绕信息处理的各个元素(如行为人、信息主体的身份、处理的目的、处理的场所、后果等)进行综合评价。[2]

---

[1] 程啸:《个人信息保护法的理解与适用》,中国法制出版社 2021 年版,第 265 页。

[2] 参见王利明:《敏感个人信息保护的基本问题——以〈民法典〉和〈个人信息保护法〉的解释为背景》,载《当代法学》2022 年第 1 期,第 10 页。

　　敏感个人信息、一般个人信息与信息主体密切程度的差异性决定着法律对两类信息的保护力度应当有所区别。《个人信息保护法》规定了处理敏感个人信息的特殊处理规则,包括三个条件"特定的目的＋充分的必要性＋采取严格的保护措施"(第 28 条第 2 款)、取得个人的单独同意或法律法规另有规定的书面同意(第 29 条)以及遵守法律行政法规规定的其他限制条件(第 32 条)。"特定的目的"的具体标准应当高于第 6 条规定的"明确、合理的目的"。《通用数据保护条例》强调处理个人数据必须具备"特定的、明确的、合法的目的"。[①]第 29 条工作组认为,特定目的应在收集个人信息之前或收集个人信息之时即确定,对目的描述必须提供足够的细节,使之具备辨识度。[②]目的特定与否必须"在明确、合理的基础上,根据敏感个人信息处理的具体场景进行权衡,结合实践经验和一般理性人的标准来判断其是否具有特定性"[③]。例如,对医疗健康信息的收集处理,应当具体阐明用于何种医疗目的,是相关疫苗研发还是制造相关药品,不能泛泛地基于医疗健康目的而收集处理敏感的医疗健康信息。另,基于公共卫生目的处理医疗健康个人信息,应当权衡敏感个人信息的特殊保护与一般个人信息的合理使用。欧盟《通用数据保护条例》第 9 条规定,为了实现公共利益,可以在必要的范围内处理敏感个人信息。美国《健康保险流通与责任法》规定,公共卫生部门在重大传染病发生时,可以不经患者同意获取其医疗健康个人信息,

---

① General Data Protection Regulation, Article 5.

② Article 29 Data Protection Working Party, Opinion 03/2013 on purpose limitation 15(Article 29 Data Protection Working Party 00569 /13 /EN 2013), Adopted on 2 April 2013, p.15.

③ 江必新、李占国:《中华人民共和国个人信息保护法条文解读与法律适用》,中国法制出版社 2021 年版,第 103 页。

但必须遵守最小限度原则。①本研究认为,应当优先保护公共卫生安全,在比例原则下合理限制个人信息权益,无须经过信息主体的单独同意。充分必要性原则贯穿敏感个人信息处理的始终,即使信息主体同意,也不能处理超过必要范围的敏感个人信息。②该原则要求信息处理者尽可能少地处理敏感个人信息,例如敏感个人信息的储存时间需受到严格限制,并在处理行为结束后应立刻予以删除或作匿名化处理,从而使信息主体权益受侵害的风险降到最低。③"严格的保护措施"是《个人信息保护法》第9条的具体化,强调在敏感个人信息处理中需对个人信息主体的权益施加更为严格的保护措施。对此,应结合《个人信息保护法》第51条"应当根据个人信息的处理目的、处理方式、种类以及对个人权益的影响,可能存在的安全风险等"的规定进行理解,即在具体应用场景中采取相应的保护措施。此外,信息处理者应当在处理敏感个人信息之前进行个人信息保护影响评估,判断保护措施是否合法、有效并与风险程度相适应。④在对金融账户信息进行处理时,要关注到人格尊严的保护,还应关注到市场经济下金融账户非法泄露所带来的电信诈骗、绑架等可能造成的人身或财产权益损害的预防与保护。因为风险程度决定着金融账户信息的保护比其他敏感信息应当有更高更严的保护措施。

---

① 参见莫琳:《公共卫生安全视角下医疗健康个人信息的保护与限制》,载《电子知识产权》2022年第5期,第94页。
② 参见韩旭至:《敏感个人信息处理的告知同意》,载《地方立法研究》2022年第3期,第70页。
③ 参见李世刚、屈然:《论敏感个人信息的合理使用》,载《江苏社会科学》2022年第6期,第165-166页。
④ 参见韩旭至:《敏感个人信息的界定及其处理前提——以〈个人信息保护法〉第28条为中心》,载《求是学刊》2022年第5期,第144页。

# 第四章　个人信息数据资产化：
## 个人信息数据的基础理论初探

在我国强调数据的生产要素地位，愈发重视数据产业发展的背景下，[1]《民法典》第 111 条与第 127 条对个人信息与数据的保护分别作出规定；《数据安全法》就数据的定义、数据安全制度、数据安全保护义务等内容作出具体规定；《深圳经济特区数据条例》尝试提出"数据权"概念。基于个人信息的人格属性，学术界对于自然人享有个人信息财产利益具有较高共识，但对于数据处理者享有何种权利，有着较大分歧。《深圳经济特区数据条例》最终虽未旗帜鲜明地创设"数据权"概念，但对"个人数据具有人格权属性""企业对其投入大量智力劳动成果形成的数据产品和服务具有财产性权益"的规定已经取得普遍认同。在此基础上，目前发布的"数据二十条"第 7 条指出，应"充分保障数据处理者使用数据和获得收益的权利"。如何理解此处使用数据与获得收益的权利是明确信息处理者对个人数据享有何种权利以及明晰权利边

---

[1]　周樨平：《大数据时代企业数据权益保护论》，载《法学》2022 年第 5 期，第 159 页。

界的关键所在。以此为前提,明确数据权的边界、属性以及保护模式成为个人信息数据资产化趋势下的当务之急。

## 一、数据与信息的界分

数据与信息的界分问题是个人信息数据资产化的首要问题,直接决定着数据权的创设与否。正如雷磊教授所述,"一项新兴(新型)权利的证成需要满足两方面的标准:一方面是概念标准,它告诉我们什么是权利,或者一项利益值得作为权利来保护的理论标准"①。权利的存在必须包含权利的合理概念。②数据权的创设亦无法置身事外。只有明确划分数据与其他相似概念的界限,确立数据的概念标准,方能讨论数据权能否现实存在的问题。正如本书第一章第三节所述,因在个人信息保护的理论研究与司法实践中信息与数据概念的混用层见叠出,信息与数据的界分问题尤为尖锐。本节即从形式、内容与目的三个方面出发,构建信息与数据概念的区分标准。

### 1. 形式:数字化、电子化的信息

我国对数据的规定散见于不同的法律法规、司法解释等法律文件中,具体包括《民法典》《数据安全法》《网络安全法》《最高人民法院关于适用〈中华人民共和国民事诉讼法〉的解释》(以下简称《民事诉讼法司法解释》)《人民检察院办理网络犯罪案件规定》等。其中,《民法典》第127条就数据、网络虚拟财产的保护作出

---

① 雷磊:《新兴(新型)权利的证成标准》,载《法学论坛》2019年第3期,第20-21页。
② 参见[加]萨姆纳:《权利的道德基础》,中国人民大学出版社2011年版,第10页。

规定,数据的内涵则未界定。从一定程度上来说,欠缺数据概念支撑的数据保护原则性规定在适用过程中往往会沦为无源之水、无本之木。纵观我国现行的法律法规及司法解释,涉及数据界定的规定仅有《数据安全法》第 3 条第 1 款、《民事诉讼法司法解释》第 116 条第 2 款、《人民检察院办理网络犯罪案件规定》第 27 条及《关于办理刑事案件收集提取和审查判断电子数据若干问题的规定》第 1 条第 1 款。其中,《数据安全法》第 3 条第 1 款规定,"本法所称数据,是指任何以电子或者其他方式对信息的记录"。梅夏英教授指出,"'数据安全法'保护的数据主要针对企业收集和运营的商业数据……另外,'数据安全法'所称'数据'应为电子数据"[①]。可见,作为数据的主要特性,电子性已为我国立法及学界所承认。至于司法实践,在北大法宝,以"数据""电子化""数字化"为关键词对司法案例进行全文检索,截至 2022 年 10 月 28 日,共有 8674 篇司法裁判,其中民事裁判共有 3045 篇。可见,数字化、电子化的数据已渗透至社会生活的方方面面,包括医疗、教育、工作、休闲等领域。[②]"在当前信息网络环境下,数据除了以传统的非电子形式存在以外,更多地体现为以电子形式存在和传输、交易、利用。"[③]在其他学科领域,如传播学认为数据是不局限于任何形式的、分散和孤立的事物的原始记录,此种理解于其法

---

[①] 梅夏英:《在分享和控制之间　数据保护的私法局限和公共秩序构建》,载《中外法学》2019 年第 4 期,第 869 页。

[②] 参见北京市第二中级人民法院(2022)京 02 民终 774 号民事判决书;陕西省西安市中级人民法院(2009)西民四初字第 12 号民事判决书;贵州省遵义市中级人民法院(2021)黔03 民终 10129 号民事判决书。

[③] 冯晓青:《数据财产化及其法律规制的理论阐释与构建》,载《政法论丛》2021 年第 4 期,第 82 页。

律概念的界定无助。原始信息并非都能转化成具有法律意义的数据，必须经过物理载体的呈现。[①]"企业数据保护应当限于电子数据，不应当涉及非电子数据。"[②]首先，非电子形式的数据由于具有物理形态，很难进行自由流动，不应该属于《数据安全法》所规制的对象。[③]其次，若企业的非电子数据信息被他人非法泄露、窃取或复制，应当通过商业秘密或不正当竞争等规则寻求相应的救济。[④]由此可见，《数据安全法》所规定的数据是企业在运营过程中经收集、处理等活动而产生的，具有商业性的电子数据。

如前所述，本章所要讨论的企业等私营部门在生产经营过程中收集的数据形式上具有电子性。关于电子数据，根据《民事诉讼法司法解释》第 116 条第 2 款规定，电子数据是存储在电子介质中的信息。《关于办理刑事案件收集提取和审查判断电子数据若干问题的规定》第 1 条第 1 款规定，电子数据是以数字化形式存储、处理、传输的数据。《人民检察院办理网络犯罪案件规定》第 27 条亦作出相似规定。综合上述关于数据界定的规定可见，数据是以数字化、电子化形式存储、处理、传输信息的记录。在形式方面，数据具有数字化与电子化的特征，以电、磁等方法固定在储存载体上。相较于具有特定形式的数据而言，个人信息往往不

---

① 参见王镭：《电子数据财产利益的侵权法保护——以侵害数据完整性为视角》，载《法律科学（西北政法大学学报）》2019 年第 1 期，第 39 页。
② 梅夏英：《信息和数据概念区分的法律意义》，载《比较法研究》2020 年第 6 期，第 152、160 页。
③ 参见支振锋：《贡献数据安全立法的中国方案》，载《信息安全与通信保密》2020 年第 8 期，第 4 页。
④ 参见梅夏英：《信息和数据概念区分的法律意义》，载《比较法研究》2020 年第 6 期，第 160 页。

拘泥于某种特定的表现形式。"个人信息虽被记录于其他具有物质性的载体之上,但是个人信息所体现的价值在于内容而不在于表现形式。"①故,数据因其特有的电子化、数字化的表现形式,而有别于以抽象化的内容为核心的个人信息,亦可区别于其他相似概念。

### 2. 内容:企业生产经营中形成的信息

除前文所述的形式差异之外,个人信息与企业数据的区分亦表现在内容方面。数据内容又受制于数据来源。"数据二十条"第 3 条即指出,根据数据来源和数据生成特征,建立公共数据、企业数据、个人数据的分类分级确权授权制度。可见,数据内容的不同是判断个人信息与企业数据的重要标准。王利明教授认为,"个人信息与个人人格密不可分,个人信息主要体现的是一个人的各种人格特征"②。个人信息来源于信息主体,个人信息是信息主体人格的抽象化,"可识别性"是判定其内涵的构成要件。作为信息主体人格的外在表征,个人信息具有一定的利用价值。也正因如此,个人信息在蕴含人格利益的同时,亦彰显出财产利益。张里安教授指出,"个人信息不仅仅与一个人的人格息息相关,也与财产、商业价值密不可分"③。其中,财产属性完全符合人格的

---

① 杨显滨、麻晋源:《个人信息的民事法律保护与限度》,载《江海学刊》2021 年第 4 期,第166 页。

② 王利明:《论个人信息权在人格权法中的地位》,载《苏州大学学报(哲学社会科学版)》2012 年第 6 期,第 68 页。

③ 张里安、韩旭至:《大数据时代下个人信息权的私法属性》,载《法学论坛》2016 年第 3 期,第 119 页。

规定性，人格位阶高于财产，财产亦有益于人格。①与此相对的是，企业数据并非仅源自自然人人格的抽象，它体现的是"强财产权弱人格权属性"，其利用与流转主要是对企业数据商业性经济价值的挖掘。②数据是指在计算机及网络上流通的在二进制的基础上以 0 和 1 的组合而表现出来的比特形式。③数据是信息的一种表达方式，④企业数据亦是企业信息的一种表达方式。对此，《企业信息公示暂行条例》第 2 条规定，企业信息是在企业从事生产经营活动过程中形成的信息，以及政府部门在履行职责过程中产生的信息。在此基础上，黄细江博士认为，企业数据来源广泛、牵涉众多，"泛指涵盖个人信息、公共数据等与企业有关的一切数据"⑤。相较于个人数据直接来源于信息主体，企业数据的范围则拓宽至个人信息之外，囊括与企业经营相关的一切数据，具体包括用户主动提供的个人数据、企业自身产生的数据、政府数据以及公共数据。⑥在中央全面深化改革委员会第二十六次会议上，明确将企业数据与个人数据、公共数据相对而称，⑦上述分类

---

① 参见向秦、高富平：《论个人信息权益的财产属性》，载《南京社会科学》2022 年第 2 期，第 93 页。

② 李扬、李晓宇：《大数据时代企业数据边界的界定与澄清——兼谈不同类型数据之间的分野与勾连》，载《福建论坛·人文社会科学版》2019 年第 11 期，第 42 页。

③ 参见［美］维克托·迈尔-舍恩伯格、肯尼思·库克耶：《大数据时代：生活、工作与思维的大变革》，盛杨燕、周涛译，浙江人民出版社 2013 年版，第 104 页。

④ 参见陆小华：《信息财产权——民法视角中的新财富保护模式》，法律出版社 2009 年版，第 277 页。

⑤ 黄细江：《企业数据经营权的多层用益权构造方案》，载《法学》2022 年第 10 期，第 97 页。

⑥ 参见李扬、李晓宇：《大数据时代企业数据边界的界定与澄清——兼谈不同类型数据之间的分野与勾连》，载《福建论坛·人文社会科学版》2019 年第 11 期，第 36—37 页。

⑦ 参见《习近平主持召开中央全面深化改革委员会第二十六次会议》，载人民网。http://cpc.people.com.cn/n1/2022/0622/c64094-32453706.html，最后访问日期：2022 年 11 月 2 日。

的原因之一即是数据内容的来源不同。在司法实践中,以数据来源的差异为标准划分数据不同类型的做法亦受多数法院所承认。在"苏州朗动网络科技有限公司与浙江蚂蚁小微金融服务集团股份有限公司等商业诋毁及不正当竞争纠纷上诉案"[①]中,法院即认为,企业数据与公民个人数据具有显著区别的原因在于企业数据的来源更为广泛,可以涵盖已经依法公开的信息。综上,以不同数据的来源为依据,可较为明确地界定个人信息与企业数据的边界。就包含个人信息的企业数据的认定而言,下一节以是否具有识别目的的标准划分个人信息与企业数据,在此不作赘述。

### 3. 目的:拒斥可识别性的信息

"从计算机储存和处理个人信息开始,欧美国家就开始对其进行法律保护,形成了可识别性定义、以控制为核心的权利保护以及围绕知情同意确立利用原则等个人信息法律保护制度模式。"[②]可识别性作为判断是否构成个人信息的重要标准被奉若神祇。至于数据,根据学界通说,"数据是信息的表现形式。"[③]主要分为以下两类——"与自然人相关的能够识别特定自然人的"个人数据以及"非个人的或匿名化的数据"。[④]其中,作为数据的重要组成部分,个人数据与个人信息互为表里,难以界分。如前

---

① 参见浙江省杭州市中级人民法院(2020)浙 01 民终 4847 号民事判决书。
② 王秀哲:《大数据时代个人信息法律保护制度之重构》,载《法学论坛》2018 年第 6 期,第 117 页。
③ 王利明:《数据共享与个人信息保护》,载《现代法学》2019 年第 1 期,第 46 页。
④ 付新华:《企业数据财产权保护论批判——从数据财产权到数据使用权》,载《东方法学》2022 年第 2 期,第 138 页;参见石丹:《大数据时代数据权属及其保护路径研究》,载《西安交通大学学报(社会科学版)》2018 年第 3 期,第 79-81 页。

所述，本研究无意对此作出区分，仅着眼于除个人数据外的其他数据的界定、流通与保护问题。在此基础上，学界又将前述除个人数据、政府数据外的数据分为如下两类："一类是仅与组织体（而非自然人）相关的数据及用户使用相关程序或信息服务后产生的无法识别特定个人的数据"；"另一类是，数据处理者通过数据挖掘技术对原始数据进行匿名化处理及数据清洗、分析、建模后产生的数据，也称为'增值数据'"①。增值数据的原始数据中本来包含个人数据，但经由脱敏化处理，其对数据主体人格权益侵犯的风险已显著降低，与此相应，数据利用的空间被不断拓展。②这两种数据的共同点在于，或天然地不具有可识别特定自然人的属性，或经匿名化处理丧失可识别性，进而由作为信息处理者的企业所掌握，被统称为企业数据。早在 1984 年，美国颁布的关于电子通讯领域个人信息保护的法律——《电缆通讯政策法》（Cable Communications Policy Act）中就对电缆运营企业所收集、处理的企业数据作出规定。《电缆通讯政策法》第 631 条规定，禁止电缆运营企业未经用户同意收集和传播个人可识别性信息。对此，Benjamin Charkow 认为，"该法案明确排除了将汇总数据视为个人身份信息，由于汇总数据不是个人身份信息，因此只要有线电视用户的身份不被泄露，该法规并不禁止有线电视公司使用其收集的任何信息"③。由此推知，当企业不以识别特定自

---

① 程啸：《论大数据时代的个人数据权利》，载《中国社会科学》2018 年第 3 期，第 109 页。

② Paul Ohm, "Broken Promises of Privacy, Responding to the Surprising Failure of Anonymization", *UCLA L. Rev.* 57(2010):1735 – 1738.

③ Charkow, Benjamin. "The Control over the De-Identification of Data." *Cardozo Arts & Entertainment Law Journal* 21.1(2003):221.

然人为目的而汇总个人信息的,该汇总数据不属于个人信息。Anna Aurora 同样认为,个人信息衍生出的企业数据并不属于个人信息,"每个组织都必须认识到并将企业的宝贵数据视为资产并给予应有的谨慎对待"①。我国司法实务界亦持类似观点,在"朱烨与北京百度网讯科技公司隐私权纠纷案"②中,法院认为,百度网讯公司在提供个性化推荐服务中产生的数据信息,因其匿名化特征不符合个人信息的可识别性要求。由此可见,相较于个人信息而言,数据并不具有识别特定自然人的特质。企业数据拒斥可识别性的理由在于:企业收集的数据本就不具有可识别性,即便具有可识别性也可通过匿名化、去识别化等手段使原始数据不具有可识别性。这保证了企业在收集、处理企业数据时,不以识别特定自然人为目的。数据因其无法识别特定自然人,而无涉自然人人格权益的保护。

## 二、数据权属的界定

### 1. 数据权非著作权

根据《中华人民共和国著作权法》(以下简称《著作权法》)第 3 条的规定,作品作为著作权的客体,"指文学、艺术和科学领域内具有独创性并能以一定形式表现的智力成果"。该条所规定的独创性主要包含独立性与具有一定程度的创作高度两个部分。③只有满足独创

---

① Wennakoski, Anna Aurora. "Company Data Protection-Friend or Foe?." *International In-House Counsel Journal* 8.32(2015):1.

② 参见江苏省南京市中级人民法院(2014)宁民终字第 5028 号民事判决书。

③ 参见甘竞圆、张怀印:《古籍点校成果的著作权保护模式研究》,载《图书馆杂志》2020 年第 10 期,第 25 页。

性,才能被认定为法律意义上的作品并受著作权法保护。[①]能否视数据权为著作权,关键在于数据是否属于作品;数据能否被视为作品,关键在于数据是否满足独立性与创新性的要求。独立性指的是著作权法界定的劳动成果必须经历劳动者从无到有独立完成的过程。[②]除此之外,还有另一种情形就是基于现存劳动成果劳动者二次创作所得,且新的劳动成果与旧的劳动成果存在能被普通读者客观识别且并不是过于细微的差异。[③]例如,演绎作品即是"在已有作品的基础上经过创造性劳动而派生出来的作品",[④]演绎者对该作品的著作权受《著作权法》第 13 条的保护。要界定数据是否满足独立性要求,首先需要厘清数据产生的过程。数据是信息处理者通过处理各类信息,用最低创新性的劳动产生的,这也是数据(尤其是企业数据)的价值体现之处。信息是一种知识,数据则是载体。信息是作为"形"而存在的数据的"神"。这种"形"与"神"的转化正是通过信息处理者的最低创新性劳动实现的。作为无体物的数据与作为知识而存在的信息之间,不但各自独立,有时候甚至没有任何勾连关系。[⑤]作为现存劳动成果的大量信息与新的劳动成果的数据,本质的差别就是信息与数据的差别。因此,数据相比于信息,满足能够被普通读者客观识别且不是过于细微的差别。数据的产生符合独立性的要求。

---

① 参见刘国林、戴华:《论作品的法律属性》,载《法学评论》1991 年第 1 期,第 36 页。

② 参见李明德、许超:《著作权法》,法律出版社 2003 年版,第 31-32 页;李伟文:《论著作权客体之独创性》,载《法学评论》2000 年第 1 期,第 86 页。

③ 参见王迁:《著作权法》,中国人民大学出版社 2015 年版,第 21 页。

④ 胡康生主编:《中华人民共和国著作权法释义》,法律出版社 2002 年版,第 71 页。

⑤ 参见刘练军:《个人信息与个人数据辨析》,载《求索》2022 年第 5 期,第 158 页。

数据权界定为著作权者,除了独立性外,数据还须满足创造性的要求。"创造性是智力创造结果和一般智力活动结果相比在本质上的区别,是智力创造结果的质的规定性。"①只有在新的劳动作品达到一定程度的创作高度,才能满足独创性,这就要求一定水准的智力创造的存在,在创作过程中存在劳动者的智力创作空间与个性发挥余地。很显然,信息到数据的转变无法达到这个要求。信息到数据的转变,是一个由知识向电子或者其他方式对信息的记录转化的过程。数据侧重的是对信息的记录,信息则是有意义的数据。没有信息,数据就只是以二进制代码表现出来的比特形式。②这种转变很显然不涉及智力创作与个性发挥。部分认为应将数据权视为著作权进行保护的学者指出,数据应当被认定为汇编作品进行保护,③司法实践中业已存在将数据作为汇编作品予以保护的先例。④然而,比特形式的数据对于这种保护模式的适用存在困境。在"上海霸才数据信息有限公司与北京阳光数据公司技术合同纠纷案"⑤中,法院认为一审原告的 SIC 实时金融信息作为一种新型的电子信息产品应属电子数据库,在本质上是特定金融数据的汇编,这种汇编在数据的编排和选择上并无著作权法所要求的独创性,不构成著作权法意义上的作品,不应受到著作权法的保护。在"袁某诉丁某等著作权权属纠纷再审

---

① 金渝林:《论作品的独创性》,载《法学研究》1995 年第 4 期,第 52 页。
② 参见程啸:《个人信息保护法理解与适用》,中国法制出版社 2021 年版,第 74 页。
③ 参见王迁:《论汇编作品的著作权保护》,载《法学》2015 年第 2 期。
④ 参见广东省佛山市中级人民法院(2016)粤 06 民终 9055 号民事判决书。
⑤ 参见北京市高级人民法院(1997)高(知)终字第 66 号民事判决书。

案"①中,法院认为,汇编作品的著作权保护必须基于存在创造性劳动的前提,其独创性体现在对内容的选择、编排及体例结构上。个人信息向数据的转变很显然不涉及智力创作与个性发挥,无法满足如前所述的汇编作品著作权保护条件。以欧盟为例,由于欧盟各成员国对汇编作品的独创性判断标准不一,且汇编作品的保护规则不足以支撑飞速发展的电子数据,故欧盟制定了《关于数据库法律保护的指令》。《关于数据库法律保护的指令》可直接保护因不符合独创性标准无法受到著作权法保护的数据,②并赋予企业一种针对数据库的特殊权利(sui generis rights),③以保护企业对数据库作出的实质投资。④从另一个角度讲,《个人信息保护法》第 8 条规定,信息处理者要保证信息的质量,不能出现信息不准确、不完整的情况。这一客观事实更排除了数据处理者将信息转变为数据的处理过程中的智力创作空间与个性发挥余地。原因在于,实现数据的创造性与现行法规定的维护信息的准确性、客观性相悖。信息向数据的转变过程不涉及新的智力创造,数据无法满足创造性要求。此外,数据虽然具有一定的选择和编排方式,但其价值在于数据的巨量性和混杂性,关注"数据集合的广泛性而非编排的独创性"。⑤故,数据无法被认定为著作权中的作

---

① 参见最高人民法院(2013)民申字第 363 号裁定书。

② 参见龙卫球:《再论企业数据保护的财产权化路径》,载《东方法学》2018 年第 3 期,第 54 页。

③ Directive 96/9/EC, of the European Parliament and of the Council of March 11, 1996 on the Legal Protection of Databases, 1996 O. J.(L77) 20, Chap 3.

④ 参见纪海龙:《数据的私法定位与保护》,载《法学研究》2018 年第 6 期,第 78 页。

⑤ 冯晓青:《知识产权视野下商业数据保护研究》,载《比较法研究》2022 年第 5 期,第 38 页。

品,数据权不能被界定为著作权。

### 2. 数据非商业秘密

有部分学者认为,数据应当被视作商业秘密予以保护。在"衢州万联网络技术有限公司与周慧民等侵害商业秘密纠纷案"[①]中,法院认为,网站用户注册信息数据库是企业的核心资产,假如网站用户注册信息数据库符合"秘密性、实用性、保密性"等要件,就可作为商业秘密依法予以保护。从构成商业秘密的条件与商业秘密权益的客体角度看,这种观点并不正确。首先,从构成商业秘密的条件上看,数据无法满足秘密性、价值性和保密性的要求。《中华人民共和国反不当竞争法》(以下简称《反不正当竞争法》)第9条规定,商业秘密"是指不为公众所知悉、具有商业价值并经权利人采取相应保密措施的技术信息、经营信息等商业信息"。第一,"不为公众所知悉"的表述要求商业秘密必须满足秘密性的条件。然,海量数据包含的范围远不止秘密性的数据。在大数据时代,信息的"公开是常态,私密是例外",大数据"4V"理论中的"大容量性"(Volume)与"多样性"(Variety)意味着数据具有储存容量大、来源和类型多的特征。[②]诸如大量豆瓣上的用户打分、论坛上的用户言论,都是低颗粒度、广覆盖度数据的重要组成部分。这些数据很显然无法满足秘密性的要求,亦难以从商业秘密的视角加以保护。第二,数据亦无法满足商业秘密

---

① 参见上海市高级人民法院(2011)沪高民三(知)终字第100号民事判决书。

② 参见林志杰、孟政炫:《数据生产要素的结合机制——互补性资产视角》,载《北京交通大学学报(社会科学版)》2021年第2期,第31页。

"具有商业价值"的"价值性"需求。有学者认为,"商业数据能够带来竞争优势,具有较强的经济价值"①。然,企业数据的价值性是相对于企业本身而言的,缺乏明确的标准,数据泄露后是否存在损害以及损害的大小难以确定。②部分数据以数据流的形式存在,具有实时快速变动的特点,其内容和范围处于不确定的状态,"未必具有商业价值"。③第三,企业数据的加密方式多服务于个人信息保护目的,难以判断其是否是为了保护商业秘密而设置保密措施。其他诸如"多方共享的数据、源于个人的数据、公共场所的传感器收集的数据",它们在保密措施上并不符合商业秘密的特征。④除此之外,信息处理者对数据具有很强的支配性。采用商业秘密理论保护的数据会让数据的公开性、自由流动性受到限制,造成正当性缺失的困境。⑤在以数据为核心的新型生产要素将成为未来产业主要支撑的大背景下,这种对数据的强支配性与排他性很显然无法实现数据赋能产业发展,也无益于提升新型生产要素的配置效率。

其次,数据无法满足商业秘密权益对于客体的要求。一个不言自明的事实是商业秘密法律制度所保护的客体是由《反不正当竞争法》规定的。《反不正当竞争法》总则部分第 1 条规定,该法的立法目的是鼓励与保护公平竞争,制止不正当竞争行为。基于

---

① 冯晓青:《知识产权视野下商业数据保护研究》,载《比较法研究》2022 年第 5 期,第 39 页。
② 参见梅夏英:《在分享和控制之间 数据保护的私法局限和公共秩序构建》,载《中外法学》2019 年第 4 期,第 851 页。
③ 李爱君:《数据权利属性与法律特征》,载《东方法学》2018 年第 3 期,第 73 页。
④ 申卫星:《论数据用益权》,载《中国社会科学》2020 年第 11 期,第 115 页。
⑤ 参见马斌:《数据生产者权之证成——以数据资源排他权为视角》,载《中国流通经济》2021 年第 4 期,第 105 页。

此,《反不正当竞争法》第9条对于商业秘密界定下的技术信息与经营信息等商业信息当然须在此基础上进行理解。技术信息与经营信息等商业信息本身并非商业秘密制度的保护客体,只是展现出的表象或形式。商业秘密制度真正保护的客体是"信息的秘密性及基于此而产生的竞争优势"。[①]在"江汉石油钻头股份有限公司诉天津立林钻头有限公司、幸发芬侵犯商业秘密纠纷案"[②]中,法院认为公司带来市场竞争优势是为商业秘密的构成要件。由此可见,在司法实践中,法官将产生市场竞争优势作为判断商业秘密的重要标准与构成要件。在信息的秘密性致使数据无法满足商业秘密对于客体的要求的基础上,"竞争优势"的要求更进一步地使数据与商业秘密二者渐行渐远。信息处理者对数据的头部收集行为、中部处理行为、尾部提供行为,很大一部分都只是为了让企业维持正常的生产、经营等活动,只有其中很少一部分能达到"产生竞争优势"的要求。从另一个角度看,《反不正当竞争法》对于实质的保护与数据本身作为载体的形式化特征相冲突,这也是数据不能被作为商业秘密保护的重要原因。不可否认,在长期司法实践中,商业秘密确实是保护数据权的一种路径。[③]然而,基于上述分析,将数据界定为商业秘密是不合理的。基于此,"数据二十条"第1条明确将数据与商业秘密并列,明确数据并不属于商业秘密。采用商业秘密说者,数据的保护受到商业秘密要件的

---

① 徐卓斌:《商业秘密权益的客体与侵权判定》,载《中国应用法学》2022年第5期,第209页。

② 参见湖北省高级人民法院(2009)鄂民三终字第30号民事判决书。

③ 参见崔国斌:《公开数据集合法律保护的客体要件》,载《知识产权》2022年第4期,第20页。

严格限制,只有符合秘密性要件的数据方能视为商业秘密,进而受到法律保护。对于不具有秘密性的数据则被排除于商业秘密的法律保护体系之外,不利于保障数据主体的数据权益。

### 3. 数据应视为财产予以保护

工业革命推动了人类社会与人类文明的进步与发展。每次工业革命,都会有新的代表性产业与新型财产权的出现。[1]在这个过程中,"财产"的概念范围被不断拓宽,具有更广阔的覆盖性。被认定为是一种兼容并包概念的"财产","只要所有人能支配、控制具有一定社会公示性(或称社会公众能感知的特定边界)的行为或利益,且该支配、控制权可以通过许可或转让等措施在社会之间流通,它就可以被法律创制或承认为财产"[2]。按照形态对财产进行界分,财产可主要被分为有形财产与无形财产。"将有形物的所有权之外的任何权利称为'无形财产'。"[3]利用信息化技术促进产业变革的智能化时代中,数据权作为一种无形财产权,进一步拓宽了财产的概念范围。

数据财产化理论(data propertization)最初由美国 Lessig 教授于 1999 年提出,他认为通过赋予数据以财产权的方式,可以强化数据本身的经济驱动功能,打破传统的隐私权路径或信息绝对化、过度保护用户而阻碍数据流通的僵局。[4]我国《民法典》第 127

---

[1] 参见孔祥俊:《商业数据权:数字时代的新型工业产权——工业产权的归入与权属界定三原则》,载《比较法研究》2022 年第 1 期,第 84 页。

[2] 黄武双:《商业秘密的理论基础及其属性演变》,载《知识产权》2021 年第 5 期,第 8 页。

[3] 马俊驹、梅夏英:《无形财产的理论和立法问题》,载《中国法学》2001 年第 2 期,第 103 页。

[4] 参见[美]劳伦斯·雷席格:《网络自由与法律》,刘静怡译,商周出版社 2002 年版,第 396 页。

条明确将数据确认为民法上的财产性权益,[1]彰显了对数据具有财产属性的基本共识。数据权界定为财产权,能够克服著作权论与商业秘密论下数据无法满足客体要求的障碍。数据被界定为财产,就无须达到著作权论下"独创性"与商业秘密论下"秘密性"的条件,进而避免著作权论与商业秘密论的缺陷。在此基础上,采用数据财产权理论本身具有一定的合理性。首先,数据财产权论意味着信息处理者对于数据的不完全支配权,这一点与我国法律对无体物的保护方式相契合,并符合数据的特征,有利于有效地保护数据。从我国著作权法对于作品的保护、商标法对于商标的保护以及专利法对于发明创造的保护上可见,财产权是一个灵活的概念,它的范围可以灵活变动,并非像有体物的物权那样绝对。[2]作为无体物的数据受到法律保护的过程中,应当延续我国法律对无体物的保护途径,保证我国法律的逻辑严密与体系完整。此外,由于公共数据所涉主体间的关系不属于平等主体间的法律关系,应由公法调整,无须通过财产权制度解决。[3]因此,本章探讨的数据是剔除公共数据外的具有内在的复杂性的商业数据。举例来讲,一个企业内部的数据包括原生数据与衍生数据。[4]仅就原生数据中包含的公共数据部分,信息处理者就不可

---

[1] 参见程啸:《论大数据时代的个人数据权利》,载《中国社会科学》2018 年第 3 期,第 121 页。

[2] 参见黄武双:《商业秘密的理论基础及其属性演变》,载《知识产权》2021 年第 5 期,第 9 页。

[3] 参见龙卫球:《再论企业数据保护的财产权化路径》,载《东方法学》2018 年第 3 期,第 54 页。

[4] 参见张阳:《数据的权利化困境与契约式规制》,载《科技与法律》2016 年第 6 期,第 1106 页。

能对其享有完全排他性的支配权。数据财产权论并不意味着数据主体对数据的完全支配权,而是在数据的使用、加工、传输等方面具有相对的支配权。此种保护方式符合数据作为复杂客体的特性。其次,数据财产权理论能更好地实现利益平衡。财产权因其具有边界性,当其与其他法律保护的利益产生冲突的时候,可以根据价值位阶原则进行平衡,①这有助于解决数据财产权益的难题。在数据财产权论下,当数据的保护与人格权益、数据行业创新需求、公共利益发生冲突时,可以引用比例原则作为利益衡量分析的工具,解决相关难题。②此外,"数据二十条"第 7 条指出,为"建立健全数据要素各参与方合法权益保护制度",须"建立健全基于法律规定或合同约定流转数据相关财产性权益的机制"。可见,数据的财产性已为我国政府所采纳、接受。值得注意的是,数据财产权具有的非排他性特点,是由数据的非物质化形态决定的。对数据的占有并没有客观上的物理垄断性,同样的数据可以同时被多个权利主体掌握。③"在数据实践中更强调对数据的有效控制和利用,而不是数据的排他权。"④因此,不宜在数据上设置排他性的数据所有权。综上所述,采用数据财产权论相比著作权论与商业秘密论,具有逻辑上的严密性,更能够实现对数据的全面、灵活保护,有利于在助推数字经济发展与数据保护

---

① 参见程啸:《论我国个人信息保护法中的个人信息处理规则》,载《清华法学》2021 年第 3 期,第 69 页。

② 参见袁文全、程海玲:《企业数据财产权益规则研究》,载《社会科学》2021 年第 10 期,第 106 页。

③ 参见李爱君:《数据权利属性与法律特征》,载《东方法学》2018 年第 3 期,第 72 页。

④ 冯晓青:《数据财产化及其法律规制的理论阐释与构建》,载《政法论丛》2021 年第 4 期,第 94 页。

中达到动态平衡。

### 三、促进数据充分利用的立法路径

#### 1. 引入个人信息影响评估制度

"数据二十条"第 8 条指出,"结合数据流通范围、影响程度、潜在风险,区分使用场景和用途用量",完善数据全流程合规与监管规则体系。其中,以影响评估作为促进数据流通的关键性措施。影响评估作为预防性的个人信息保护手段,要求个人信息处理者在实施对于个人权益可能造成较高风险的个人信息处理活动之前,开展评估,以确定处理目的、处理方式等是否合法、正当、必要,对个人权益的影响及风险程度、个人信息处理者采取的安全保护措施是否合法、有效等。[1]相较于欧美国家为促进信息流通而构建个人信息保护的影响评估制度,我国则更倾向于聚焦信息主体权利的保护,但对于这个"带有强烈的风险意识与目标导向的工具"的利用并不充分。[2]

《个人信息保护法》第 55 条规定了个人信息处理者在敏感个人信息的处理、自动化决策、委托处理个人信息等情况下进行事前评估的义务。个人信息保护影响评估作为数字时代的重要风险控制工具,除了能够保护信息主体的个人信息权益外,亦能助力信息处理者对信息的利用,保障数据权。由此,我国应当降低作为义务的影响评估的门槛,提高数据处理者对于应用影响评估

---

[1] 参见程啸:《个人信息保护法理解与适用》,中国法制出版社 2021 年版,第 420 页。

[2] 参见马晓慧、相丽玲:《我国个人信息安全影响评估的流程分析与模板设计》,载《情报理论与实践》2021 年第 8 期,第 76 页。

减轻或免除个人信息处理责任的意识。一方面，在规定数据处理者影响评估的必要场景这个问题上，我国立法存在范围过于宽泛、数据处理者承担的义务过重等问题。《个人信息保护法》第55条通过列举加兜底的方式对数据处理者进行影响评估的情况作出了较为全面的规定。对于敏感个人信息处理、自动化决策、委托处理个人信息与向境外提供个人信息，数据处理者必须进行影响评估，并通过其他对个人权益有重大影响的个人信息处理活动进行了兜底规定，以求对信息主体全面与周延的保护。然而，这种做法的经济性与合理性值得我们探究。例如，当一个企业只是进行少量的敏感而不私密个人信息处理时仍然须进行影响评估是否符合成本—效益原则。从比较法的视野上看，欧盟《通用数据保护条例》第35条第3款仅就特别列举的三种必须进行数据保护影响评估的情况进行了规定，包括：对自然人个人情况进行系统、广泛的评估，该评估以自动化决策系统和数据画像为基础，评估结果能够影响自然人的权利或者义务；对特殊类型的个人数据或者与刑事定罪和犯罪行为相关数据的处理活动；公共领域的大规模系统性监控活动。从以上三种情形中可见，不同于我国就必须适用影响评估的场景只对性质作出规定，欧盟《通用数据保护条例》通过"广泛""大规模"的表述，对适用影响评估场景所需要满足的规模性，即"量"的方面，作出了规定。这决定了欧盟《通用数据保护条例》对影响评估的具体适用更为有限，为监管机构预留了更多的自由裁量权。[①]同时，数据处理者在影响评估

---

① 参见崔聪聪、许智鑫：《数据保护影响评估制度：欧盟立法与中国方案》，载《图书情报工作》2020年第5期，第43页。

方面的义务得到了合理的减轻,这种做法值得借鉴。

另一方面,国家应当着力引导数据处理者应用影响评估减轻或免除个人信息处理的责任,明确影响评估不仅仅是一种义务,更可以是一种手段。影响评估不应局限于消极性的防御,其对于数据处理者同样具有积极的一面。"有效实施个人信息保护影响评估,不仅可以增强个人信息处理者的风险管理能力,对外展示保护个人信息的努力,有利于提升企业声誉,而且还有助于减轻或免除个人信息处理责任。"[1]同时,可以通过《个人信息保护法》赋予影响评估更多的功能,调动数据处理者的主观能动性。例如,在"知情同意"规则下,再次同意需要耗费大量的时间与成本。在数字经济发展日新月异的背景下,如果在所有这些涉及的场景中都必须全部取得重新同意的话,必然不利于数据处理者行使数据权。应当在信息主体首次同意的前提下,在二次同意之前,引入信息主体默示同意规则。以合理的范围为界,如果信息处理超过合理范围,违背一般理性人对于个人信息利用限度的理解,才认为侵犯个人信息权益。[2]比较法视野下,美国《加州消费者隐私法案》中以"风险评估"解决个人信息交易过程中是否需自然人再次同意的路径,这种做法值得借鉴。如果影响评估证明了一些数据处理没有对数据主体造成大的影响,确无获取数据主体再次同意的必要,可以无须数据主体的再次同意,以大大提高数字经济的发展速度。数据处理给数据主体造成影响的,数据主体可以通

---

① 参见刘权:《论个人信息保护影响评估——以〈个人信息保护法〉第 55、56 条为中心》,载《上海交通大学学报(哲学社会科学版)》2022 年第 5 期,第 42 页。

② 参见宋伟卫:《处理已公开个人信息的刑法边界》,载《吉林大学社会科学学报》2022 年第 6 期,第 71 页。

过主张数据控制者没有履行合理的影响评估寻求救济。

### 2. 严格限制可携带权的行使条件

数据可携带权使用户能够在不同的网站和设备上转移个人信息，表明用户对个人信息的控制能力达到了相当的高度。[①]可携带权在保证实现个人对其个人信息处理活动决定权的同时，发挥预防与制止平台经济领域的垄断行为，遏制恶性竞争，保护消费者利益与社会公共利益等。[②]基于此，《个人信息保护法》第 45 条第 3 款赋予了数据主体数据可携带权。关于可携带权行使的要件，《个人信息保护法》第 45 条第 3 款规定须"符合国家网信部门规定条件"，体现了立法的灵活性。可携带权现存的问题是，行使条件始终未被明确。面对数据的流通、处理受个人信息可携带权约束的问题，应严格遵守可携带权的行使条件，以保障数据的流通、处理。

《区域全面经济伙伴关系协定》(RCEP)是迄今为止中国参与的最重要的区域自贸协定，其以充分兼顾缔约方之间经济发展与法律制度为重要目标。作为 RCEP 重要成员国的新西兰、泰国与新加坡关于可携带权的规定对我国有重要的借鉴意义。这三个国家关于数据主体行使可携带权的规定，按行使要件的宽松至严格排序，依次是：泰国、新加坡、新西兰。泰国 2019 年《个人数据保护法》第 31 条规定，数据主体有权获得个人数据的拷贝，并传

---

① 参见丁晓东：《论数据携带权的属性、影响与中国应对》，载《法商研究》2020 年第 1 期，第 73 页。
② 参见程啸、王苑：《论我国个人信息保护法中的查阅复制权》，载《法律适用》2021 年第 12 期，第 21 页。

输给其他数据处理者。数据主体可以轻易地实现可携带权。①新加坡 2020 年《个人数据保护法》26H 规定,数据主体被赋予了可携带权。②然而,新加坡就可携带权的行使有着较为严格的规定。首先,须满足 26H(3)(5)(6)的条件;其次,新加坡《个人数据保护法》通过附则十二数据携带的例外情形规定了不允许数据主体行使可携带权的情况。值得一提的是,其中的第一部分 1.(d)规定了披露会导致理性人认为可能损害机构竞争地位的商业机密信息泄漏的个人数据不允许被携带。兼以第二部分除外情形的规定观察,新加坡在立法上已尽可能确保数据主体可携带权的行使不影响数字经济的发展。与此同时,放眼欧洲,《通用数据保护条例》第 20 条规定,数据主体行使可携带权须满足如下条件:首先可携带权的客体是"与数据主体有关的个人数据";其次,数据的处理满足合法性基础的规定;最后,数据以自动化方式进行处理。值得注意的是,第 29 条工作组在《关于可携带权的指南》中指出不应对"与数据主体有关的个人数据"作过于严格的限制性解释,即不得对他人的权利和自由造成不利影响。③前已论及,我国《个人信息保护法》虽规定了可携带权,但对行使条件等未作详细规定。在司法实践中,可携带权已初见端倪,并逐渐发展出限制可携带权的趋势。"北京微梦创科公司与北京字节跳动公司不正当竞争纠纷案"④中,法院判决即说明在司法实践中已经有了限制可携带

---

① 参见丁道勤、姜文等译注:《国外数据保护法律选编》,中国法制出版社 2021 年版,第 554 页。
② 参见丁道勤、姜文等译注:《国外数据保护法律选编》,中国法制出版社 2021 年版,第 614 页。
③ Article 29 Data Protection Working Party, Guidelines on the Right to Data Portability, Adopted on 13 December 2016, as last Revised and adopted on 5 April 2017, p.9.
④ 参见北京市高级人民法院(2021)京民终 281 号民事判决书。

权的趋势,但是该案子的判决援引的是《民法典》第132条,无直接适用《个人信息保护法》的空间,可能会造成司法上的混乱。然,现阶段在数据所有权的法律属性尚不明晰,互联网垄断平台往往通过"自我赋权"的方式剥夺用户的信息资源。可携带权不仅强化了信息主体对自身个人信息的控制,还有助于消除数据的"锁定效应",使消费者有能力在相互竞争的供应商中进行选择,在具有复杂定价结构的市场中实现比较服务,[1]有利于拓展人在数字世界中的权利和尊严。[2]结合比较法经验,我国作为 RCEP 的重要成员,应该在泰国、新加坡、新西兰三个国家间寻求折中的可携带权行使的"中国方案"。借鉴 RCEP 的经验,我国应当通过网信部门的相关规定明确可携带权的行使应符合《通用数据保护条例》第20条规定的三个条件,并且规定可携带权的客体仅限于与信息主体有关的个人信息,不应当包括数据处理者对个人信息处理后输出的结果,以保护数据权与保障数字经济发展。

### 3. 适当放宽数据跨境的流动条件

数据跨境流动(Trans-border Data Flow)是指在一国境内以电子方式生成的信息记录被他国境内的公权力机关或民事主体读取、存储、使用或加工。[3]在数据价值飞速提升的当下,加快推进

---

[1] OECD, Data portability, interoperability and competition, https://www.oecd.org/daf/competition/data-portability-interoperability-and-competition.htm, last visited on 11th February 2023.

[2] 参见卓力雄:《数据携带权:基本概念,问题与中国应对》,载《行政法学研究》2019 年第 6 期,第 135 - 136 页。

[3] 参见许可:《自由与安全:数据跨境流动的中国方案》,载《环球法律评论》2021 年第 1 期,第 23 页。

数据跨境流动、主动践行双循环战略对实现数字贸易快速发展，助力数据经济全球化具有重要意义。[①]自经合组织（OECD）于 1980 年发布《隐私保护和个人数据跨境流动指南》以来，世界各国或地区都逐步建立个人数据跨境制度。[②]截至 2017 年，在全球 64 个主要经济体中，对数据跨境流动加以限制的国家已达 90%。[③]欧盟基于《通用数据保护条例》构建的数据出境规则是针对个人数据出境最普遍、最严格的管控制度之一。欧盟以数据保护为主导的跨境数据流动规制体系，强调实现域内数据自由流动与数据本地化。如《通用数据保护条例》第 44 条至第 50 条禁止将境内个人数据传输至保护充分性不足、无适当安全保护措施、不符合特定例外情况的第三国。美国则倾向释放数据的技术优势与商业优势，依托跨境数据的自由流动实现数字市场的规模扩张，[④]通过双边或多边协议强化数据跨境的规制。[⑤]2022 年，中国跨国公司排行榜显示，上榜的 100 强企业海外资产总额为 107510 亿元，同比上年增加 13695 亿元，年增长率达到 16.63%。跨国企业无疑是我国商业主体的重要组成部分。跨境数据流动是国际数字贸易

---

[①] 参见王伟玲：《数据跨境流动系统性风险：成因、发展与监管》，载《国际贸易》2022 年第 7 期，第 72 页。

[②] 参见彭錞：《论国家机关处理的个人信息跨境流动制度——以〈个人信息保护法〉第 36 条为切入点》，载《华东政法大学学报》2022 年第 1 期，第 34 页。

[③] Martina F. Ferracane, Restrictions on Cross-Border Data Flows: A Taxonomy, *Ecipe Working Paper* 1(2017): 2.

[④] 参见刘典：《全球数字贸易的格局演进、发展趋势与中国应对——基于跨境数据流动规制的视角》，载《学术论坛》2021 年第 1 期，第 98 页。

[⑤] 参见许多奇：《个人数据跨境流动规制的国际格局及中国应对》，载《法学论坛》2018 年 5 月，第 131 页。

价值流动的前提，[①]"我国既没有采取绝对禁止数据出境、数据完全本土化的模式，也不允许数据完全开放、任意跨境流动。"[②]我国《数据安全法》第 11 条旗帜鲜明地提出"促进数据跨境安全、自由流动"的基本原则，是对《网络安全法》第 12 条"网络信息依法有序自由流动"的重大突破。[③]然而，《个人信息保护法》现有的关于数据跨境流动的规定不利于跨国企业内部数据的流动与整合。应当用特别规定的方式实现跨国企业内部数据流动条件的放宽，这是对于经济全球化的顺势之举，也是数据处理者数据权行使的重要前提。

在国际贸易里扮演重要角色的跨国企业，在数据跨境流动方面一直面临着"双向合规"的困境，同时面临着遵循国内法规与不同国家数据跨境流动规则监管的考验。[④]"个人信息保护法律政策在区域间的显著差异，造成了机构合规方面的沉重负担，严重阻碍个人信息的跨区域传输及价值的开发。"[⑤]国家一直积极通过国际合作缓解外部压力，国家内部对跨国企业内部数据跨境流动的规制应当有所调整。为了促进数字经济发展，泰国 2019 年《个人数据保护法》第 29 条对位于泰国境内的数据控制者，跨境

---

① 参见谭观福：《数字贸易中跨境数据流动的国际法规制》，载《比较法研究》2022 年第 3 期，第 169 页。

② 程啸：《个人信息保护法理解与适用》，中国法制出版社 2021 年版，第 303 页。

③ 参见许可：《自由与安全：数据跨境流动的中国方案》，载《环球法律评论》2021 年第 1 期，第 22 页。

④ 参见陈兵、徐文：《数据跨境流动的治理体系建构》，载《中国特色社会主义研究》2021 年第 4 期，第 70 页。

⑤ 范为：《大数据时代个人信息保护的路径重构》，载《环球法律评论》2016 年第 5 期，第 111 页。

个人数据传输通过委员会认证后,可以免除第 28 条为了实现数据跨境流动产生的相关义务。①泰国通过这一特别规定开辟了跨国企业内部数据跨境流动的简易路径,一定程度上维持了数据跨境流动自由与规制的平衡,值得我国借鉴。对跨国企业数据跨境流动作出特别规定,免除数据处理者的相关义务,有利于实现资源整合,保障数据处理者的数据权益。"数据二十条"第 2 条关于构建数据基础制度的工作原则即指出,"推动数据跨境流动双边多边协商,推进建立互利互惠的规则等制度安排"。故此,我国应放宽总部位于中国本土的跨国企业内部的数据流动条件,在充分保证数据主权、数据权不受侵犯的前提下,保障数据处理者行使数据权,促进数据的高效流动与利用,进而切实推动数字经济的飞速发展。

---

① 参见丁道勤、姜文等译注:《国外数据保护法律选编》,中国法制出版社 2021 年版,第 553 页。

# 第五章　隐私、个人信息与数据动态平衡
## 保护模式的构建

　　在数字经济的冲击下，以知情同意为核心的个人信息保护模式与促进数据自由流通的经济与社会发展需求间存在冲突。在个人信息与隐私相互转化的作用下，通过传统的私密性与识别性为基础的静态判别标准实现个人信息与个人隐私的截然二分已不再现实。面对数字经济发展过程中个人隐私与个人信息分别展露出的信息化与整体化趋势，如何在兼顾个人隐私与个人信息处理的动态性的同时，实现个人隐私与个人信息的周延保护乃重中之重。正如我国学者普遍认为的那样，在数字经济时代下构建个人隐私与个人信息的保护模式，"应从注重传统的静态、单向的保护政策，转向建构现代的动态、多维的数据治理框架"①。以此为前提，构建覆盖数据全周期的动态保护模式方能替代传统静态保护模式。通过"强调平衡个人信息收集、处理和流通中的个体

---

① 高志宏：《隐私、个人信息、数据三元分治的法理逻辑与优化路径》，载《法制与社会发展》2022年第2期，第224页。

预期与社会预期,强调发挥个人信息的公共性价值与风险防范的"动态保护模式,①平衡隐私保护与信息数据采集与自由流通两者间的张力,实现数字经济下个人利益与企业利益、国家利益的携手共进。在前述研究的基础上,本部分将整体性探讨我国隐私权与个人信息动态平衡保护模式的建构,主要包括如下内容:以匿名化为基础的私密信息处理规则;以人格利益与财产利益二分为基础的私密信息处理规则;以场景理论为基础的数据动态类型化处理规则。

## 一、构建以动态匿名化为基础的私密信息处理前置性机制

根据《民法典》第 1032 条第 2 款规定,私密信息是隐私权保护的重要内容。在此基础上,我国部分学者强调隐私的不可流通性,指出,"隐私权的保护对象是自然人不愿意被他人所知的信息……保护隐私权的目标在于禁止他人侵入及公开隐私","隐私无论如何都不能被商业化利用"②。作为隐私的重要组成部分,私密信息因具有私密性而同样难以被商业化利用。然而,我国《民法典》第 1033 条针对私密信息的流通、利用作出了开放式规定,在法律另有规定或者权利人明确同意的情况下,可以进行处理他人私密信息等活动。显然,私密信息的处理规则与私密信息与生俱来的私密性之间存在着难以弥合的罅隙。在数字时代下,面对此起彼伏的私密信息侵权事件,如何在严格保护自然人私密

---

① 丁晓东:《论个人信息法律保护的思想渊源与基本原理——基于"公平信息实践的分析"》,载《现代法学》2019 年第 3 期,第 96 页。
② 高志宏:《隐私、个人信息、数据三元分治的法理逻辑与优化路径》,载《法制与社会发展》2022 年第 2 期,第 216 页。

信息私密性的基础上,适当兼顾高涨不息的私密信息处理需求是人格权法面临的重要难题。"为应对信息社会和大数据的挑战,须摒弃工业社会的思维模式,正视隐私信息的社会属性、隐私判断的动态模式,重视并回归隐私概念的关系维度,从而对隐私公开采取相对标准。"[1]

### 1. 动态匿名化的前置性处理机制的立法需求

《民法典》第 1032 条所意涵的隐私私密性认定标准,构成了司法实践中私密性检验义务的来源,"也是《民法典》相比较于《民法总则》的规定所做的进一步的创新,由此更加凸显了隐私权保护对象与个人信息保护对象的相互区别与独立"[2]。简言之,受制于私密性标准,隐私权保护与个人信息权益保护截然二分,符合私密性标准的信息当然属于隐私,受隐私权保护规则约束;不符合私密性标准的信息于隐私权保护规则无涉。对此,《民法典》第 1034 条第 3 款就个人信息中的私密信息适用有关隐私权的规定亦可佐证。《民法典》在内涵方面确立了私密性作为隐私的本质性特征。在"黄某诉腾讯科技(深圳)有限公司、腾讯科技(北京)有限公司等隐私权、个人信息保护纠纷案"[3]中,法院同样认为,关于隐私,由于法律已经确立了个人信息与隐私的区别性概念,个人信息与隐私既有交叉也有区别。隐私强调信息私密性,

---

[1] 房绍坤、曹相见:《论个人信息人格利益的隐私本质》,载《法制与社会发展》2019 年第 4 期,第 119 页。

[2] 张建文:《在尊严性和资源性之间:〈民法典〉时代个人信息私密性检验难题》,载《苏州大学学报(哲学社会科学版)》2021 年第 1 期,第 68 页。

[3] 参见北京互联网法院(2019)京 0491 民初 16142 号民事判决书。

主要为防御性保护;个人信息兼具积极利用与防御性保护属性。可见,私密性作为隐私的本质特征,不可偏废。

"隐私因具有私密性因而通常不具有交互性或者公开性……隐私权的设计重点在于私密性及其保密性。"[1]隐私的私密性特征意味着私密信息保护拒斥交互及公开;以交互性与公开性为特征的处理流程难以维持隐私的私密性特征。在"赵元纯与曹杰人格权纠纷上诉案"[2]中,法院认为,赵元纯的刑事判决书已经公开,相关信息已不具有私密性,故曹杰转发相关刑事判决书的行为不构成对赵元纯私密空间、私密活动、私密信息的侵犯。在"余某诉北京酷车易美网络科技有限公司隐私权纠纷案"[3]中,法院同样认为,案涉历史车况信息是否为私密信息,关键在于判定该信息的公开是否会对余某的私人生活带来不当干扰以及该信息是否具有私密性。可见,就私密信息而言,流通需求与私密性特质二者不可兼得。隐私处理过程不可避免地面临着私密信息私密性破除的风险。私密信息的私密性从进入流通的刹那就一去不复返。然而,《民法典》第 1033 条第 5 项关于处理私密信息的规定适当放开了私密信息的处理条件限制,这与私密信息的私密性特质相左。如何协调私密信息处理需求与私密信息的私密性特质之间的关系是构建私密信息处理规则的重点。

Simon Chesterman 在分析隐私内涵的过程中指出,隐私所保护

---

[1] 冉克平:《论〈民法典〉视野下个人隐私信息的保护与利用》,载《社会科学辑刊》2021 年第 5 期,第 105 页。
[2] 参见上海市第二中级人民法院(2021)沪 02 民终 574 号民事判决书。
[3] 参见广州互联网法院(2021)粤 0192 民初 928 号民事判决书。

的价值是隐秘(Secrecy)、匿名(Anonymity)和独处(Solitude)。①审视《民法典》第 1032 条第 2 款,前述不同价值发挥的作用亦不相同。独处因其着眼于隐私主体的"生活状态",②而主要用于判断自然人的私密空间是否被侵犯;匿名因其强调可识别性,而主要用于私密信息的保护;隐秘则因其关涉隐私私密性的根本特质,而用于判断私密活动、私密信息和私密空间是否被侵犯。其中,针对私密信息的匿名化问题,张建文教授指出,"匿名化的主要目的就是在保护个人隐私与发挥数据效用间寻求平衡"③。可见,除限制隐私的流通、处理外,经由匿名化处理的私密信息亦可实现保护个人隐私与兼顾信息利用的平衡。在"朱烨与北京百度网讯科技公司隐私权纠纷上诉案"④中,法院即认为,匿名网络偏好信息虽具有隐私属性,但不能与网络用户个人身份对应识别,因而不符合个人隐私和个人信息的"可识别性"要求,不构成对侵犯隐私权的侵害。作为私密信息处理的重要手段,匿名化通过切断隐私与隐私主体间的密切联系,实现了私密信息私密性之保护。面对私密信息处理势必破除私密性特质的问题,通过构建私密信息匿名化处理规则可予以化解。

### 2. 动态匿名化的前置性处理机制的立法参考

我国现行法中关于匿名化的规定主要涉及《个人信息保护

---

① Simon Chesterman,"After Privacy: The Rise of Facebook, the Fall of Wiki Leaks, and Singapore's Personal Data Protection Act", *Singapore Journal of Legal Studies*, 2012, p.396.

② 参见王利明:《论个人信息权的法律保护——以个人信息权与隐私权的界分为中心》,载《现代法学》2013 年第 4 期,第 67 页。

③ 张建文、高悦:《我国个人信息匿名化的法律标准与规则重塑》,载《河北法学》2020 年第 1 期,第 47 页。

④ 参见江苏省南京市中级人民法院(2014)宁民终字第 5028 号民事判决书。

法》第 4 条第 1 款与第 73 条第 4 项,《汽车数据安全管理若干规定(试行)》第 3 条第 4 款、第 6 条第 4 项与第 8 条第 2 款,以及《征信业务管理办法》第 20 条第 2 款。此外,《网络安全法》第 42 条虽然没有直接使用"匿名化"一词,但也出现了与之含义相近的"个人信息经过处理无法识别特定自然人且不能复原的过程"表述。其中,《个人信息保护法》第 73 条第 4 项就个人信息的匿名化作出如下规定,"匿名化,是指个人信息经过处理无法识别特定自然人且不能复原的过程"。值得注意的是,作为信息处理的重要方式,匿名化并未被现行法规定为信息处理的前置性手段。相反《个人信息保护法》第 4 条第 1 款将匿名化处理后的信息排除在个人信息范围之外。原因在于,"匿名化是单向地去标识过程,其目的在于使信息主体不能够为信息处理者单独或与其他人合作直接或间接识别"①。作为个人信息的"核心特征",②识别性是个人信息处理的重要前提,亦是个人信息财产价值实现的关键因素。经匿名化的个人信息无法识别到特定信息主体,因而不具备信息处理的现实意义。与《个人信息保护法》相似,《民法典》关于隐私权的规定亦未明确要求处理私密信息须以匿名化为前提。《信息安全技术 个人信息安全规范》第 6.1 条、第 6.4 条以及第 7.8 条分别规定在超出个人信息保存期限、个人信息控制者停止运营、个人信息主体注销账户的情形下,应对个人信息进行匿名化处理。前述有关个人信息的"匿名化和去标识化本质上是针对特定

---

① 郭春镇、王海洋:《个人信息保护中删除权的规范构造》,载《学术月刊》2022 年第 10 期,第 105 页。

② 参见王利明:《和而不同:隐私权与个人信息的规则界分和适用》,载《法学评论》2021 年第 2 期,第 22 页。

数据集中信息识别风险的制度安排，能消除因信息本身识别性产生的风险"①。相较于我国在信息处理过程中提出的匿名化保护措施，欧盟将匿名化提至信息进行处理之前以实现个人信息的保护。欧盟《通用数据保护条例》第 25 条第 1 款规定，考虑到发展现状、执行成本、处理的性质、范围、内容和目的以及处理给自然人的权利和自由造成的各种可能性与严重程度的风险，控制者应在确定处理手段时以及进行处理的同时，采取匿名化等适当的技术和组织措施执行数据保护原则。

　　如前所述，我国《民法典》并未明确规定私密信息匿名化的前置性处理机制，仅于第 1033 条规定处理他人私密信息的，须由权利人明确同意或法律另行规定。如何理解此处的法律另有规定是构建私密信息匿名化前置处理机制的关键。对此，首先需厘清个人信息与隐私保护的关系。在我国众多学者看来，"划定私密信息并对其适用隐私权优先保护规则，无疑解决的是个人信息利用中的隐私权保护问题……但实践中却经常会面对个人信息与隐私权保护无法截然分开的事实。"②尤其是，当"识别"要素"与特定人事实上相连接"时，③个人信息则与隐私相互交叉、难分难解。此种连接在《民法典》第 1034 条第 3 款关于私密信息的"二阶递进适用模式"中亦可见一斑。可见，隐私与个人信息保护难

---

① 高富平：《个人信息流通利用的制度基础——以信息识别性为视角》，载《环球法律评论》2022 年第 1 期，第 84 页。

② 王秀哲：《"隐"与"私"流变中的信息隐私权》，载《河北法学》2022 年第 11 期，第 51 页。

③ 参见程德理、赵丽丽：《个人信息保护中的"识别"要素研究》，载《河北法学》2020 年第 9 期，第 53 页。

以实现真正意义上的截然二分。在个人信息保护与隐私保护的关系上,相较于大陆法系下二元保护模式,美国法则"从个人自由发展出涵盖几乎所有个人权利的隐私概念",①形成了别具一格的一元保护模式。Alan F. Westin 将其概括为"信息隐私(information privacy)权",即"个人、群体或机构自主决定在何时以怎样的方式在多大程度上将有关自身的信息披露给他人的权利"②。以此为前提,我国部分学者认为,"隐私也被广义地理解为'要求尊重私人生活的权利',保护个人数据的权利也当然地属于隐私保护。在这个意义上,我们又可以将个人信息保护等同于隐私保护"③。故,可以个人信息的匿名化处理为基础,构建私密信息匿名化的前置性处理机制。

### 3. 构建动态匿名化的前置性处理机制的法律适用规则

前文已就构建私密信息动态匿名化的前置性处理机制的现实需求与立法参考进行论述,本节将就私密信息动态匿名化前置性处理机制的具体构建展开讨论。《民法典》第 1033 条规定,在没有法律另行规定的情况下,处理权利人的私密信息需征得其明确同意。此外,《民法典》并未规定私密信息处理的其他限制性条件。由此,学界普遍认为,"只要权利人没有明确同意并且没有法律的另外规定,即可认定处理私密信息行为的非法性,即采取所

① 高富平:《论个人信息保护的目的——以个人信息保护法益区分为核心》,载《法商研究》2019 年第 1 期,第 99 页。

② See Alan F. Westin, *Privacy and freedom*, Atheneum New York, 1967, p.7.

③ 高富平:《论个人信息保护的目的——以个人信息保护法益区分为核心》,载《法商研究》2019 年第 1 期,第 101 页。

谓的结果不法说"①。此种规定与隐私"强保护"的诉求相悖。②对此,可参考《通用数据保护条例》第 4 条第 5 款有关匿名化处理的概念性规定、第 6 条第 4 款(e)项以匿名化等保障措施作为判断信息处理目的是否一致的规定、第 25 条第 1 款有关个人信息保护匿名化等技术设计的规定以及第 32 条第 1 款(a)项以匿名化为考量因素保证合理应对风险的安全级别的有关规定,构建私密信息动态匿名化的前置性处理机制。《通用数据保护条例》中有关个人信息匿名化处理的规定可根据个人信息处理的不同阶段,划分为不同类型。根据《通用数据保护条例》第 6 条第 4 款的规定,可对私密信息处理作如下设计,若隐私处理的目的与该数据被收集时的目的不同,并且该处理亦非基于数据主体的同意或其他合理使用的情形而作出的,处理者应当考虑是否存在匿名化处理等适当保障措施,以确定为其他目的所进行的隐私处理是否与隐私最初被收集时的目的相一致。

　　值得注意的是,部分学者指出,在数字经济下,完美的匿名化处理在网络空间中无法实现,随着数据的不断聚集,识别权利主体的可能性增大。③同理,在数字经济下大数据的高度集合化的趋势下,通过此前不具有识别性的隐私亦可轻易识别到权利主体。同时,去匿名化技术的发展也窒碍匿名化处理现实效果的实

---

① 程啸:《论我国个人信息保护法中的个人信息处理规则》,载《清华法学》2021 年第 3 期,第 70 - 71 页。

② 参见张新宝:《个人信息收集:告知同意原则适用的限制》,载《比较法研究》2019 年第 6 期,第 6 - 7 页。

③ 参见夏庆锋:《网络空间个人信息保护的通知义务完善与动态匿名化》,载《江汉论坛》2022 年第 3 期,第 100 页。

现。连对匿名化持乐观态度的著名隐私法学者保罗·斯沃兹（Paul Schwartz）和丹尼尔·索洛夫（Daniel Solove）都认为，匿名化是暂时的，匿名化信息仍然具有再识别的可能性。[1]既然"完满的匿名化状态仅仅是一种理论上的美好追求和绝对化假定——第三方处理者总有诸多动机反其道而行之，对数据的匿名化状态进行破解"[2]。如何在现有匿名化处理规则的基础上最大程度地实现匿名化，阻断相关私密信息与个人身份的"关联性"是为关键。[3]传统的匿名化处理规则，强调永久的、不可复原的处理结果，专注隐私与个人身份的静态关系，忽视私密信息处理的复杂过程与不确定因素是其难以实现完满保护的致命弱点。为解决私密信息匿名化处理难以周延保护权利主体的隐私权问题，构建私密信息动态匿名化的前置性处理机制实属必要。根据《个人信息保护法》第56条第1款的规定，个人信息保护影响评估包括评估所采取的保护措施是否合法、有效并与风险程度相适应。作为隐私处理的重要保护措施，匿名化处理亦须考虑是否合法、有效并且与风险程度相适应。其中，相较于合法性而言，有效性与风险适应性因不同的处理场景而具有不同的要求。由此，动态匿名化处理规则的构建须考虑特定场景下私密信息匿名化处理是否有效，是否与风险程度相适应。以有效性的实现为例，处理者在处理信息主体不愿为人知的互联网搜索记录时，须对该私密信息进行匿名化处理。判断该匿名化处理是否有效须结合处理者已

---

① Paul M. Schwartz & Daniel J. Solove，"The PII Problem: Privacy and A New Concept of Personally Identifiable Information"，*86 N.Y.U. L. Rev.*（2011）:1837.

② 郑佳宁:《数据匿名化的体系规范构建》，载《政法论丛》2022年第4期，第62页。

③ See Nissenbaum, Helen. "Privacy as contextual integrity." *Wash. L. Rev.* 79（2004）:56.

经掌握的权利主体的其他信息或隐私、处理者的信息处理能力等因素进行综合判断。当处理者在处理匿名化的互联网搜索记录时,亦掌握权利人的 IP 地址,则足以认定互联网搜索记录的匿名化处理无效。至于对风险适应性的判断,需要综合考量不同隐私处理所面临的风险程度,具体表现为"定期评估与去匿名化有关的风险,包括匿名化信息被重新识别的可能性及产生损害的可能性"①。由此,构建起的私密信息处理的动态匿名化前置性处理机制方能实现隐私的周延保护与信息处理的现实需求之间的平衡。

## 二、私密信息保护模式的重构 *

### 1. 私密信息保护模式重构的现实需求

《民法典》第 109 条、第 110 条、第 111 条分别对一般人格权、具体人格权和个人信息保护进行了规定,其以下条款是关于身份权、财产权等的规定。在体系解释下,个人信息权益属于人格权。②但由于单列于一般人格权、具体人格权之外,又有别于人格权,具有特殊性。《民法典》第 990 条置于人格权总则部分,其第 1 款和第 2 款分别规定具体人格权和一般人格权,没有提及个人信息保护。参照体系解释和文义解释,个人信息应属于该条第 2 款中的"其他人格权益",否则无法与人格权编第六章"隐私权和个人信息保护"相呼应。同理,有学者认为,"自然人对声音、指

① 夏庆锋:《网络空间个人信息保护的通知义务完善与动态匿名化》,载《江汉论坛》2022 年第 3 期,第 102 页。
* 本节节选自杨显滨:《论我国私密信息保护模式的再造与实现》,原文拟刊载于《中外法学》2023 年第 6 期。
② 参见王利明:《民法典人格权编的亮点与创新》,载《中国法学》2020 年第 4 期,第 6 页。

纹、瞳孔、虹膜等人格构成要素所享有的人格权可以视为一般人格权"①。这些人格要素本身也是个人信息,《民法典》第 990 条第 1 款没有规定,一般人格权可以通过融入"其他人格权益"的方式对其进行统摄。再次印证了"其他人格权益"涵摄个人信息权益的合理性。审视人格权编的体例安排,除第一章"一般规定"外,第二章至第六章分别规定了生命权、身体权、健康权、姓名权、名称权、肖像权、名誉权、荣誉权、隐私权、个人信息保护,个人信息权益可以归入具体人格权。第六章"隐私权和个人信息保护"并列似乎也证明了这一点。《民法总则》(草案·一次审议稿)第 108 条第 2 款第 8 项指出,"数据信息"是知识产权的客体。②有鉴于此,可以得出个人信息权益是特殊人格权、一般人格权、具体人格权抑或知识产权四种结论。本章无意探讨个人信息权益属于何种人格权或者知识产权,但前述至少可以说明兼具人格利益与财产利益属性的个人信息具有特殊性,应制定特殊规则予以保护。《个人信息保护法》的出台便是例证。私密信息作为隐私与个人信息的交叉重合部分,具有双重属性,相较于一般人格要素属于"特中之特"。《民法典》第 1034 条第 3 款和《个人信息保护法》第二章"个人信息处理规则"第二节"敏感个人信息的处理规则"在一定程度关注到了这个问题。但是,基于理论界与实务界无法明确区分私密信息与敏感个人信息,徘徊于隐私权保护模式和个人信息保护模式难以自拔,无法从根本上解决私密信息保护

---

① 陈甦、谢鸿飞:《民法典评注·人格权编》,中国法制出版社 2020 年版,第 14 页。
② 参见申卫星:《数字权利体系再造:迈向隐私、信息与数据的差序格局》,载《政法论坛》2022 年第 3 期,第 97 页。

问题,亟待第三种保护模式的出现,以回应立法需求。

据此,本书提出了人格利益与财产利益二分下的私密信息保护模式,希冀彻底摆脱如何区分私密信息与敏感个人信息的难题。私密信息人格利益与财产利益二分的保护模式下,人格利益与财产利益分开保护:人格利益由隐私权保护,财产利益由个人信息权益保护。前者主要依据《民法典》第 1034 条第 3 款关于"个人信息中的私密信息,适用有关隐私权的规定"的规定。"在侵害隐私权的情况下,主要采用精神损害赔偿的方式加以救济。"[①]"这种赔偿是保护人格、表达人性的一种特殊形式,与正义原则、当代法律秩序的精神相协调和一致。"[②]精神损害赔偿救济的是隐私权中的人格利益,私密信息纳入隐私后,其承载的人格利益可以得到充分保障。在"路某与刘某人格权纠纷案"[③]中,法院认为,路静擅自在刘峰名下的车辆上安装定位器……而刘峰的行程信息属于其私密信息,故路静的行为已经侵犯了刘峰的隐私权,造成精神损害。最终酌情判定陆静向刘峰支付 2000 元的精神抚慰金,私密信息承载的人格利益获得全面救济。因为"侵害他人的人格权(尤其是个别人格权以外其他人格法益),其情节重大者,被害人虽非财产上损害,亦得请求赔偿相当之金额"[④]。至于私密信息财产利益,人格权人(信息主体)以商业为目的自己使用或许可他人使用私密信息,实

---

① 王利明:《中华人民共和国民法总则详解》(上册),中国法制出版社 2017 年版,第 459—460 页。

② Arta Dauti, "Compensation for Immaterial(Moral) Damage due to Violation of Personality Rights in Kosovo", *Acta Universitatis Danubius Juridica* 2017.3(2017):113.

③ 参见北京市第一中级人民法院(2022)京 01 民终 581 号。

④ 王泽鉴:《民法思维·请求权基础理论体系》,北京大学出版社 2009 年版,第 215 页。

现财产利益的相对独立,完成使用权能(使用权)的分离。"在人格权许可使用的情形下,权利人所遭受的损害主要是财产损害,只有在极少数案件中,受害人才会遭受精神损害。"①私密信息使用权遭受损害的,"法律应给予受害人以经济利益受损之救济"②。综上所述,理论与实践已经为私密信息人格利益与财产利益二分保护模式的建构提供了"沃土",立法理应作出回应。

### 2. 私密信息保护模式重构的立法借鉴

姓名、名称、肖像、个人信息等人格要素可以许可他人使用,但不能完全按照一般合同标的物对待。以肖像许可使用合同的法定解除为例,《民法典》第563条第1款明确规定出现因不可抗力无法实现合同目的、预期违约、迟延履行、根本违约、法律规定的其他情形中的任何一种情形的,合同当事人均可解除合同。该款具有普遍适用性,照搬肖像许可使用合同则可能存在适用困境。近年来,某些西方品牌商发表辱华言论、歧视中国文化、抵制新疆棉,甚至存在分裂祖国的企图,诸多明星、经纪公司陆续宣布与相关品牌商解约。除肖像许可使用合同对此有约定外,《民法典》第563条第1款恐难作为解除合同的依据。作为回应,《民法典》第1022条第2款增加了肖像权人解除合同的"正当理由",为上述明星、经纪公司行使法定解除权提供了法律支撑。有学者认为,"正当理由""可以是民法典合同编第563条规定的情形,也可以是第563条规定情形之外的其他正当理由"③。有学者则认

① 王利明:《人格权法》(第三版),中国人民大学出版社2021年版,第94页。
② 参见祝建军:《人格标识商业化利用的法律规制》,载《法律适用》2009年第6期,第88页。
③ 石宏:《〈中华人民共和国民法典〉释解与适用·人格权编侵权责任编》,人民法院出版社2020年版,第73页。

为,"正当理由"应以第 563 条第 1 款所列情形为限,否则不能随意解除合同。①其实不然,若"正当理由"属于第 563 条第 1 款所列情形,直接引致适用即可,无第 1022 条第 2 款存在的必要。此外,二者在法定解除权的行使主体、适用范围等方面也存在差异。谛视《民法典》第 1023 条,许可人(人格权人)以"正当理由"行使法定解除权的,也可以适用于姓名、声音许可使用合同。以文义解释剖析 1023 条第 1 款中"等"字的表述,第 1022 条第 2 款可以适用于私密信息、姓名、声音、掌纹、指纹、虹膜等人格要素的许可使用合同。②故《民法典》在第 563 条第 1 款的基础上再造第 1022 条第 2 款,可以为建立私密信息人格利益与财产利益二分保护模式提供了较好的范例和参考:现有立法已有规制但难以周全保护人格权人的合法权益者,可以另立新法以顾及特殊情势。

《民法典》分别在第 995 条确认了人格权请求权、③第 997 条设置了人格权禁令制度,也为创新私密信息保护模式提供了立法参考。《民法典》第 1167 条规定了"停止侵害、排除妨碍、消除危险等"预防性民事责任承担方式,"'等'字的表述即为不完全列举,为此类侵权责任承担方式预留开放性空间"④。采用体系解释,结合《民法典》第 179 条第 1 款,"等"字包含消除影响、恢复名誉、赔礼道歉等民事责任形式。前《民法典》时代,我国确立了物

---

① 参见张红:《〈民法典各分编(草案)〉人格权编评析》,载《法学评论》2019 年第 1 期,第 117 页。

② 参见王雷:《〈民法典〉人格权编中的参照适用法律技术》,载《当代法学》2022 年第 4 期,第 126 页。

③ 参见王利明:《侵权责任法》(第二版),中国人民大学出版社 2021 年版,第 121 页。

④ 最高人民法院民法典贯彻实施工作领导小组:《中华人民共和国民法典侵权责任编理解与适用》,人民法院出版社 2020 年版,第 45 页。

权请求权、债权请求权、侵权请求权等,唯独人格权请求权缺位,应予完善。《民法典》第 1167 条可以作为主张人格权请求权的依据,但容易造成只有侵害行为造成损害且行为人存在过错时方可行使请求权的误解,①故而第 1167 条可以发挥第 995 条的作用并不意味着第 995 条存在没有意义。此类责任承担方式是侵害人格权主要采用的民事责任承担方式,是人格权独立成编的标志性条款。理应在人格权编列明,起到权利宣示作用,这是第 1167 条无法替代的。另外,《民法典》第 997 条设立了人格权禁令制度,人格权人"对'正在实施或者即将实施侵权'的违法行为,可以向人民法院申请'责令行为人停止有关行为的措施'……彰显了人格权法独特的损害预防功能",②是对第 1167 条的突破,亦是对法律漏洞的填补。由此,《民法典》第 995 条、第 997 条独立成条的立法实践表明,即使已存在相关立法,如果难以回应特定问题、兼顾特定情势,则可能构成"规整漏洞"——"依根本的规整意向,应予规整的问题欠缺适当的规制",③应及时填补"规整漏洞",真正发挥法律的指引作用。

　　无论是以《民法典》第 1034 条第 3 款为基础而构建起的私密信息隐私权保护模式,抑或是由众多学者所主张的私密信息个人信息权益保护模式,均以私密信息与敏感个人信息截然二分为适用前提。但时至今日私密信息与敏感个人信息仍旧难

---

① 参见中国审判理论研究会民事审判理论专业委员会:《民法典人格权编条文理解与司法适用》,法律出版社 2020 年版,第 58 页。

② 中国审判理论研究会民事审判理论专业委员会:《民法典人格权编条文理解与司法适用》,法律出版社 2020 年版,第 65—66 页。

③ 〔德〕卡尔·拉伦茨:《法学方法论》,陈爱娥译,商务印书馆 2003 年版,第 251 页。

以区分,上述两种保护模式的设置目的无法实现。可以考虑对现有法律条文进行完善,构建人格利益与财产利益二分的私密信息保护模式,以填补漏洞。漏洞补充的方法主要有类推适用、目的性限缩、目的性扩张和创造性补充四种,但类推适用、目的性限缩和创造性补充显然难以胜任,唯有目的性扩张堪当此任。目的性扩张"系指对法律文义所未涵盖的某一类型,由于立法者之疏忽,未将之包括在内,为贯彻规范意旨,乃将该一类型包括在该法律适用范围内之漏洞补充方法而言"①。梁慧星教授也持类似观点。②《民法典》第 1034 条第 3 款关于"个人信息中的私密信息,适用有关隐私权的规定;没有规定的,适用有关个人信息保护的规定"的规定,考虑到了私密信息与敏感个人信息的交叉问题。但忽略了私密信息与敏感个人信息区分标准的复杂性和不确定性,没有将两者无法区分时隐私权规定与个人信息保护规定可能同时适用的情形纳入该款。可以采用目的性扩张填补法律漏洞,实现《民法典》与《个人信息保护法》在保护私密信息中的协调适应。

### 3. 私密信息保护新模式与现有立法的协调适用机制建构

采用人格利益与财产利益二分下的私密信息保护模式,诠释私密信息许可使用的法律适用依据是关键一环。③《民法典》第 993 条指出,"姓名、名称、肖像等"可以许可使用,无涉私密信息

---

① 杨仁寿:《法学方法论》,中国政法大学出版社 1999 年版,第 154-155 页。
② 参见梁慧星:《民法解释学》,中国政法大学出版社 1995 年版,第 279 页。
③ 私密信息的商业化利用主体可以是人格权人,也可能是被许可人,实践中以后者居多。鉴于此,本节主要围绕私密信息的许可使用展开。

等个人信息。"依同类解释原则,人格标识'等'的范围还应包括声音与个人信息。"①体系解释下,第 993 条位于人格权编总论部分,第 1023 条第 1 款位列分则部分,是第 993 条的具体化。二者同时指向人格要素的许可使用,许可使用的客体(合同标的)皆用"等"字兜底,范围应当是一致的。如此,人格要素的许可使用应包括私密信息。《民法典》第 111 条规定,"任何组织或者个人需要获取个人信息的,应当依法取得并确保信息安全,不得非法收集、使用、加工、传输他人个人信息,不得非法买卖、提供或者公开他人个人信息"。应用反对解释(反面解释),经过"自然人或者监护人同意"(《民法典》1035 条第 1 款第 1 项),信息处理者方可处理个人信息。知情同意可以视为许可使用的一种,再次证明私密信息许可使用的正当性。不能狭义地将许可使用理解为私密信息的"使用",应涵盖所有的个人信息处理行为,具体包括"收集、存储、使用、加工、传输、提供、公开等"(《民法典》第 1035 条第 2款)②。如上,经由法解释学可以证成私密信息许可使用的合法性。随着人格要素商业化的普及,可供许可使用的人格要素已打破肖像、姓名、名称的藩篱,扩展到个人信息,③甚至隐私。④个人信息权益与个人数据权益开始分离,乃至有学者主张,"个人信息

---

① 温世扬:《标表型人格权的制度价值与规范构造》,《法律科学》2021 年第 6 期,第 144 页。
② 参见程啸:《论〈民法典〉对人格权中经济利益的保护》,载《新疆师范大学学报》(哲学社会科学版)2020 年第 6 期,第 114 页。
③ See Craig D Tindall, "Argus Rules: The Commercialization of Personal Information", *University of Illinois Journal of Law*, Technology & Policy 2003.1(2003):193.
④ 参见王利明:《民法典人格权编草案逻辑结构的特定与问题》,载《东方法学》2019 年第 2期,第 11 页。

权属于人格权范畴,而个人数据所有权则应归为财产权"①。个人信息开始以数据为载体进行利用、交换与流通,使用权能得到充分发挥。可是,不同的学者、法官对《民法典》第 993 条和第1023 条第 1 款中的"等"字有不同理解,"可能增加法律规则适用中的论证负担"②。《民法典》第 1023 条第 1 款已通过扩张手段,"统一了姓名等标表型人格权的许可使用规则",③所以应在"等"字前加入"个人信息"的表述。此外,建议结合上述思路把《民法典》第 993 条前半句调整为"民事主体可以将自己的姓名、名称、肖像、个人信息等许可他人使用(处理)"。"个人信息"与"处理"相呼应,既是对私密信息等个人信息使用权的肯定,也可消解"使用"是否包括"处理"的学界纷争。据此,阻塞私密信息许可使用的法律"淤泥"成功清除,为人格利益与财产利益二分下私密信息保护模式的实现迈出重要一步。

以上述为基础,接踵而来的是人格利益与财产利益(使用权)二分下私密信息保护的法律适用问题:一是私密信息与敏感个人信息交叉部分的法律适用问题。隐私权、个人信息权益属于人格权,与物权一样同属于绝对权。私密信息的人格利益与财产利益分开保护可以参考物权法保护所有权和用益物权的二分做法。用益物权人享有的是占有、使用、收益权能,受用益物权制度调

---

① 申卫星:《数字权利体系再造:迈向隐私、信息与数据的差序格局》,载《政法论坛》2022 年第 3 期,第 100 页。

② 廖焕国:《论人格权许可使用合同的法定解除——兼评民法典各分编草案第八百零二、八百零三》,载《暨南学报(哲学社会科学版)》2019 年第 8 期,第 25 页。

③ 温世扬、刘昶:《肖像权的特质与规则表达》,载《上海政法学院学报(法治论丛)》2021 年第 4 期,第 66 页。

整;所有权人的处分权能由所有权制度调整。映射私密信息,人格权人对人格利益享有隐私权,对财产利益享有使用权,分别适用隐私权、个人信息权益的相关规定。《民法典》第1034条第3款规定,私密信息适用隐私权的有关规定。"隐私意味着纯粹的人格属性,而不具有财产属性。"①美国甚至采用"大隐私"概念,以隐私保护个人信息。②私密信息具有私密性特征,契合隐私重在"隐"与"私"而不公开的特征,故以隐私权保护私密信息的人格利益具有正当性。同时,有学者认为,"个人信息资料不同于传统隐私信息的一个重要特征就是其可以商品化"③。个人信息可以看作是一种有价值的、可以在市场自由交换的商品。④"个人信息的财产属性决定信息所有者可以先将其个人信息通过应用商品化权或公开化权的方式转化为财产利益或价值,然后再许可他人使用。"⑤私密信息亦是如此。此时,侵害私密信息造成的损害主要是财产损害,有异于侵害隐私权的精神损害,唯有以《民法典》第995条引致《个人信息保护法》第69条获得损害赔偿,即"对可商品化的人格权的侵害可采用财产赔偿的方式予以补救"⑥。二是私密信息的人格利益与财产利益分开保护模式在现有立法上

---

① 彭诚信、杨思益:《论数据、信息与隐私的权利层次与体系构建》,载《西北工业大学学报(社会科学版)》2020年第2期,第81页。

② 参见管洪博:《大数据时代企业数据权的构建》,载《社会科学战线》2019年第12期,第210页。

③ 王利明:《论个人信息权在人格权法中的地位》,载《苏州大学学报(哲学社会科学版)》2012年第6期,第74页。

④ See Jerry Kang, "Information Privacy in Cyberspace Transactions", *Stan. L. Rev.* 50(1997): 1246.

⑤ 彭诚信:《数据利用的根本矛盾何以消解——基于隐私、信息与数据的法理厘清》,载《探索与争鸣》2020年第2期,第82页。

⑥ 王利明:《论人格权商品化》,载《法律科学(西北政法大学学报)》2013年第4期,第55页。

如何实现。即如何在《民法典》现有规定的基础上,适当调整私密信息保护模式,实现私密信息人格利益与财产利益的分别保护。可以对《民法典》第 1034 条第 3 款进行目的性扩张以填补漏洞,大致可以表述为:"个人信息中的私密信息,适用有关隐私权的规定;私密信息与敏感个人信息不能区分的,个人信息中的人格利益可以适用有关隐私权的规定,财产利益可以适用有关个人信息保护的规定;没有规定的,适用有关个人信息保护的规定"。第二句是目的性扩张的结果,明文罗列意在便于论述,无修改法律条文之举。原有法条第一句和第二句提供了"非此即彼"的刚性选择,"沉溺"于私密信息与敏感个人信息明确二分不能自拔。通过目的性扩张,该款保持了隐私权规定与敏感个人信息处理规则之间的制度"弹性",构建了一个"缓冲带",有利于实现《民法典》与《个人信息保护法》的协调适用。私密信息原则上适用有关隐私权的规定,前提是私密信息不属于敏感个人信息,否则又陷入二者应当明确区分的"陷阱"。在二者区分标准难以达成共识的当下,该原则没有太大的适用空间,暂时处于"冰封"状态。私密信息保护的法律适用问题依据上述目的性扩张即可解决。但为保持法律条文的开放性,迎接未来可能"浮现"的共识性区分标准,实有保留之必要。共识性标准的出现意味着该款法律漏洞的"消失",目的性扩张自无妥适性,适用隐私权规定保护私密信息的原则"大展拳脚"的机会随之来临。

### 三、以场景理论为基础的数据动态类型化处理规则

在承认数据权的基础上,如何构建数据的处理与保护规则是

平衡隐私权、个人信息权益与数据权三者关系的重点。如前所述，相较于隐私权与个人信息权益所蕴含的人格利益而言，数据权作为一种新型的财产权利天然地排斥人格利益。受制于此，数据的处理与保护规则的构建亦应不同于隐私与个人信息较为严格的处理限制与保护机制。纵使部分学者为强调个人数据财产权益的保护，提出了个人数据权的概念，①然而，本章所述的企业数据权与个人数据权益之间亦存在诸多差异。"数据产权中的个人数据产权理念，则强调数据权利主体本位，需要从权利归属上给予个人主体相应的数据权利，与人格权保护下的个人信息存在一定区别，是一种权利本身的属性差异。"②受制于权利属性的差异，财产的价值重在利用，而人格的价值重在保护。以人格与财产划分的价值导向为前提，本章将在肯定数据权是财产权的基础上，就如何实现数据的处理与利用以及数据与个人信息、隐私之间关系的平衡展开论述。

### 1. 建构数据动态类型化处理规则的现实需要

自我国数据领域首部基础性综合性立法——《深圳经济特区数据条例》(以下简称《深圳数据条例》)实施以来，关于数据保护与利用的讨论便此起彼伏，经久不息。"企业数据能否利用、可利用的数据类型、数据权属确定是否具有可行性、数据利用之有偿

---

① 参见齐爱民、盘佳：《数据权、数据主权的确立与大数据保护的基本原则》，载《苏州大学学报(哲学社会科学版)》2015 年第 1 期，第 64 页；肖建华、柴芳墨：《论数据权利与交易规制》，载《中国高校社会科学》2019 年第 1 期，第 83 页。

② 楼何超：《数据产权的概念、规制作用及对策建议》，载《企业经济》2022 年第 11 期，第107 页。

或无偿、数据利用或分享中的主体权利边界等一系列基础性问题尚未形成共识。"①其中,划定数据权的边界成为数据权能否确权、平衡数据权与个人信息权益、隐私权的关键所在。针对该问题先后通过的《深圳数据条例》《上海市数据条例》以及数据二十条均未予以明确限定。《深圳数据条例》第 4 条与《上海市数据条例》第 12 条第 2 款不约而同地规定,自然人、法人和非法人组织对其合法处理数据形成的数据产品和服务享有法律、行政法规及本条例规定的财产权益。学界对上述规定产生争议的焦点在于自然人就数据享有的财产权益与自然人就个人数据享有的财产利益,自然人就数据享有的财产权益与法人、非法人组织就数据享有的财产权益以及法人、非法人组织之间就数据享有的财产权益的区分问题尚未明确。数据保护与利用规则建立不可避免地要探讨其中的权利或权能边界。然而,在个人数据的范围、个人数据权利的不确定性及平台数据权利的边界不具备共识等因素的桎梏下,"个人数据与企业数据的权利边界变得难以划分,甚至使得一些初看上去较为明确的划分也可能会面临质疑"②。例如,在信息主体撤回同意的情况下,企业对基于原始数据而得出的去标识化的加工数据或统计数据所享有的权利可能会受到影响。即使数据二十条第 3 条明确了数据资源持有权、数据加工使用权、数据产品经营权等数据权利,仍无法解决企业数据与个人信息、个人数据的界定问题。故此,对于个人信息、个人数据以及

---

① 姚佳:《企业数据的利用准则》,载《清华法学》2019 年第 3 期,第 115 页。
② 丁晓东:《数据到底属于谁?——从网络爬虫看平台数据权属与数据保护》,载《华东政法大学学报》2019 年第 5 期,第 76 页。

企业数据界定难的问题,韩旭至副研究员指出,由于我国"几乎不存在针对数据算法的制度规范,可适用于数据的法律规范亦是相对零散。因此,无法判断数据行为的合法空间,即无法判断数据权利的边界"①。可见,在相关立法尚未完备且不能一蹴而就的情况下,借立法性、概念性的手段明确数据权利的边界步履维艰,只能退而求其次寻求数据权利边界未定的解决之道。此外,部分学者以我国对数据采取一刀切的保护方式为前提指出,"这种概括权利的保护方式未能深入分析企业数据本身在不同场景中的形态转化,以至于企业数据的主体与客体范畴均难确定,最终难以有效协调多方利益关系"②。可见,数据权的确立与保护机制的构建须以明确数据本身在不同场景中的形态转化为前提,否则数据确权与保护将成为无本之木、无源之水。由此,在明晰数据在不同场景中的形态与价值的前提下,通过构建数据动态类型化处理规则,方能维护承载于数据之上的多方利益,进而兼顾人格的周密保护与数据的高效利用。

## 2. 建构数据动态类型化处理规则的现实基础

作为数字经济发展的重要基础,"数据从一开始作为原材料,到最后成为产品提供给用户,其中经历了一系列的加工和增值过程"③。其间,依据不同的应用领域可将数据分为如下类型:个人

---

① 韩旭至:《数据确权的困境及破解之道》,载《东方法学》2020年第1期,第106页。
② 姬蕾蕾:《企业数据保护的司法困境与破局之维:类型化确权之路》,载《法学论坛》2022年第3期,第114页。
③ 吴超:《从原材料到资产——数据资产化的挑战和思考》,载《中国科学院院刊》2018年第8期,第792页。

数据、企业数据与公共数据，[①]敏感数据与非敏感数据，[②]原始数据与次生数据，[③]基础数据与增值数据等。[④]上述依据数据应用的不同领域对数据所作的划分，着眼于不同数据在不同场景中表现出的价值差异。以个人数据、企业数据以及公共数据这组分类为例，个人数据"保护的目标是隐私和个人自由"；[⑤]企业数据则"承载企业追求经济化的功能"；[⑥]公共数据则用于"创造经济价值、社会价值和政治价值"。[⑦]上述不同类型数据的划分在不同程度上被我国现行法所接纳。《上海市数据条例》第 2 条第 4 项、第 12 条，《深圳数据条例》第 2 条第 2 项与第 5 项、第 4 条以及数据二十条第 3 条规定了个人数据、企业数据（法人和非法人组织合法处理数据形成的数据产品和服务）与公共数据的分类标准；《深圳数据条例》第 2 条第 3 项明确了敏感个人数据与非敏感个人数据的区分标准；原始数据与次生数据等其他数据类型亦零星规定于我国现行的法律、法规及其他规范性文件之中。除了现行法对不同类型的数据予以规定之外，我国司法实践中数据的类型化亦由来已久。在"苏州朗动网络科技有限公司与浙江蚂蚁小微金融

---

① 参见龙卫球：《再论企业数据保护的财产权化路径》，载《东方法学》2018 年第 3 期，第 50 - 63 页。

② 参见刘明辉、张尼、张云勇、胡坤、宫雪、曲大林：《云环境下的敏感数据保护技术研究》，载《电信科学》2014 年 11 期，第 5 页。

③ 参见龚鹏程：《权利客体视角下的数据确权路径》，载《南京社会科学》2022 年第 10 期，第 84 页。

④ 参见陈兵、马贤茹：《数据要素权益配置类型化研究》，载《科技与法律（中英文）》2022 年第 1 期，第 6 页。

⑤ 申卫星：《论数据用益权》，载《中国社会科学》2020 年第 11 期，第 102 页。

⑥ 龙卫球：《再论企业数据保护的财产权化路径》，载《东方法学》2018 年第 3 期，第 50 页。

⑦ 李涛：《政府数据开放与公共数据治理：立法范畴、问题辨识和法治路径》，载《法学论坛》2022 年第 5 期，第 65 页。

服务集团股份有限公司等商业诋毁及不正当竞争纠纷上诉案"①中,法院认为个人数据、企业数据与公共数据间存在显著区别。此外,敏感数据与非敏感数据、原始数据与非原始数据等数据类型的划分在司法实务中亦有体现。②综上,数据类型化已有丰富的立法支持与判例佐证。其中,个人数据、企业数据、公共数据的划分直接影响着隐私权、个人信息权益、数据权与社会公共利益之间的平衡,应为本节讨论的重点,藉此可以实现数据与个人信息,企业数据与个人数据、公共数据等相关概念的区分与判明。

　　然而,"对数据的类型化整理和分类标准的日益细化使得对数据权利或权益保护的态度从静态走向动态"③。抑或可以认为,数据权利静态保护向动态保护的转变亦反作用于数据的类型化标准。以公共数据与企业数据的界分为例,在"浙江蚂蚁小微金融服务集团股份有限公司等诉苏州朗动网络科技有限公司商业诋毁及不正当竞争纠纷案"④中,法院认为,苏州朗动网络科技公司通过国家企业信用信息公示系统抓取重庆蚂蚁小微小额贷款公司的企业信息,虽然数据本身来源于公共数据,但是信息的发布和推送行为应当保持与重庆蚂蚁小微小额贷款公司企业信

①　参见浙江省杭州市中级人民法院(2020)浙 01 民终 4847 号民事判决书。
②　参见浙江省杭州市铁路运输法院(2019)浙 8601 民初 1594 号民事判决书;浙江省杭州市中级人民法院(2020)浙 01 民终 5889 号民事裁定书;北京知识产权法院(2016)京 73 民终 588 号民事判决书。
③　陈兵、顾丹丹:《数字经济下数据共享理路的反思与再造——以数据类型化考察为视角》,载《上海财经大学学报》2020 年第 2 期,第 123 页。
④　参见浙江省杭州市中级人民法院(2020)浙 01 民终 4874 号民事判决书;浙江省杭州市铁路运输法院(2019)浙 8601 民初 1594 号民事判决书。

息的一致性。也即，客观公正地反映企业信息，不应因数据来源的公共属性，而损害数据原始主体的商业利益。由此可见，在数据处理与利用的不同场景中，数据所承载的利益亦不相同。国家企业信用信息公示系统中公布的企业信息因涉及第三方关联企业、不特定的交易主体等具有维护社会公共利益的目的，进而被认定为公共数据。当该公共数据被除国家以外的第三方企业抓取后，即面临着影响数据原始主体之声誉、商业利益的可能，具有一定的企业数据特质。受不同数据处理场景的制约，不同类型数据所承载的利益具有可变性与流动性。故而，静态的数据类型化标准已无法适应数据处理场景的多样化与复杂化，构建数据处理的动态类型化标准是大势所趋。正如"数据二十条"第 2 条的规定，为"推动数据要素供给调整优化，提高数据要素供给数量和质量"，须"实现数据流通全过程动态管理"。唯有如此，方能厘清不同场景下不同数据的边界，从而平衡个人、企业、社会等多方利益。

### 3. 数据动态类型化处理规则的具体构建

顾名思义，与静态的数据类型化标准不同，动态的数据类型化标准着眼于具体处理场景，强调数据类型的可变性。受数据处理不断攀升的复杂性影响，"有必要革新立基于私法理论与实践上的数据共享范式……实现从'静态排他性权利'到'动态兼容性权益'的融合转向"[①]。由此，动态的数据类型化标准不仅是对数据处理实践的回应，同时是实现数据保护、共享安全高效的保障。

---

[①] 陈兵、顾丹丹:《数字经济下数据共享理路的反思与再造——以数据类型化考察为视角》，载《上海财经大学学报》2020 年第 2 期，第 130 页。

"在数据类型化的基础上,数据交换价值与价格之确定是构建数据分享、利用规则的重要前提与基础"①。前文已就构建动态数据类型化标准的现实需要与法律基础进行阐释。下文将在此基础上构建具体的数据动态类型化标准。如前所述,企业数据确权与保护面临的重要问题包括企业数据与个人数据、公共数据的界分,企业数据财产价值如何实现等问题。在此基础上,借由目前数据的分类标准就上述问题进行回应。

现有关于企业数据、个人数据以及公共数据的规定主要集中于《深圳数据条例》(第2条第2项、第5项)之中。由于在个人数据、企业数据及公共数据外仍存有其他尚未类型化的数据,故以排除个人数据、公共数据明确企业数据外延的方式并不可取,实现上述三者的截然分立需另辟蹊径。对此,有学者指出,"数据要素权益配置方案的设计:首先,应当放置于数据流通和共享的动态场景中进行"②。此观点与场景理论不谋而合。2015年美国颁布的《消费者隐私权利法案(草案)》(Consumer Privacy Bill of Right Act of 2015,CPBR)即引入以场景为主导的信息保护新机制。③虽然该法案并未通过,但不可否认其为场景理论在信息、数据保护领域开疆拓土所作出的贡献。此后接连颁布的《加利福尼亚州消费者隐私权利法案》《弗吉尼亚州消费者数据保护法》深受其影响。场景理论反对数据的统一与标准化保护,而强调"具体场景

---

① 姚佳:《企业数据的利用准则》,载《清华法学》2019年第3期,第122页。
② 陈兵、马贤茹:《数据要素权益配置类型化研究》,载《科技与法律(中英文)》2022年第1期,第8页。
③ 参见范为:《大数据时代个人信息保护的路径重构》,载《环球法律评论》2016年第5期,第95页。

相关的信息规范"（context-relative informational norms），维护具体信息关系与生活秩序的公正性或融贯性（integrity）。[1]由此，可就企业数据与个人数据、公共数据的判别作如下设计：一是以数据承载的利益为依据划分企业数据与个人数据、公共数据。如前所述，个人数据、企业数据与公共数据分别承载着个人的隐私与自由利益、企业的经济利益以及社会的整体利益。在个案中面对来源于个人的原始数据应突出人格权属性，强化个人信息的隐私保护；对法人或非法人组织等数据控制者或数据处理者通过采集、加工和开发原始数据而产生的衍生数据则突出财产权益属性，强化财产权保护；对政府机关等具有公共服务属性的主体经收集、整合、公示个人数据或企业数据的，则强调公共数据的流通性与公益性。二是以数据的来源为基础划分不同类型的数据。正如"数据二十条"第 3 条规定，"根据数据来源和数据生成特征，分别界定数据生产、流通、使用过程中各参与方享有的合法权利"。本书第四章指出，个人数据与企业数据的不同之处即在于个人数据是对个人人格的数字化抽象，直接来源于自然人；企业数据是企业在生产经营过程中通过劳动而产生的数据，强调数据的增值性。以此为前提，可以认定公共数据是不以营利为目的的机关或单位就涉及社会公共利益的数据的整合。综上，通过场景理论构建起的动态数据类型化标准摒弃了传统一成不变的静态认定方式，回归数据处理的具体流程，抽象出数据利益、数据来源两个类型化标准，从而适应数据处理场景的多样化与复杂化。

---

[1] See Helen Nissenbaum, *Privacy in Context: Technology, Policy, and the Integrity of Social Life*, Stanford University Press, 2009, p.141.

# 第六章　个人信息与数据保护规则的价值转向与发展趋势

　　前文已就数字经济下隐私、个人信息与数据保护的基础理论与现实问题进行总结分析并系统地阐述了如何构建隐私、个人信息与数据的动态保护模式，以消弭隐私、个人信息、数据保护与利用的罅隙。其中，受制于隐私在数字经济发展过程中展现出的流通需求，隐私利用逐步由严格限制迈入适当放开阶段。作为隐私利用的重要客体，私密信息的流通与保护问题日渐成为司法实践的焦点与学理争鸣的重心。可以说在规则的价值转向与发展趋势上，隐私与个人信息保护实现了高度统一与密切交融，隐私保护规则的内在价值取舍借由私密信息而外化于个人信息保护规则的外部理念转向。本章将在此基础上，立足于个人信息与数据保护的现有规定与制度，细察数据经济下个人信息与数据保护规则的理念转向与发展趋势。从静态性、救济性保护模式向动态性、预防性保护模式的转变乃大势所趋。唯有紧扣个人信息与数据保护规则的动态性、预防性发展趋势，方能构建起"以良好秩序构建为首要目标、以多重价值平衡为价值取向、以风险多元治理为立法核心，以社会利益最大化为最终追求"的法律保护体系。[①]面对个人信息、数据保护的理念嬗变与转向，与信息主体具有密切关联的敏感个人信息等的侵权等问题首当其冲。本章将围绕个人信息与数据保护具体规定，展开数字经济下个人信息、数据保护规则转向的详尽分析。

## 一、个人信息处理规则设置理念的现实转向 *

鉴于以知情同意为导向设置的个人信息处理规则存在难以克服的系列缺陷，风险预防理念开始进入人们视野。"自卡拉布雷西提出风险预防理念至今已逾大半个世纪……其原理概括如下：若一方未采取社会最优预防，责令该方承担其提高预防水平至社会最优所能避免的社会损失，就可促使其采取社会最优预防水平。"[②]随着风险预防理论的不断发展与优化，其已为诸多英美法系国家所接受，成为侵权法的重要理论基础之一。面对近年来呈井喷式出现的个人信息侵权事件，风险预防理论因其具有的普遍适用性脱颖而出，为个人信息处理规则理念转向提供了新路径。作为对这种趋势的回应，现存个人信息处理规则需作出调整，从而回应层见叠出的理论难题与实践困境，真正兼顾隐私、个人信息、数据处理的非竞争性、外部性与保护的兼容性、内部性。

---

① 王怀勇、常宇豪：《个人信息保护的理念嬗变与制度变革》，载《法制与社会发展》2020 年第 6 期，第 140 页。

* 本节节选自杨显滨：《我国敏感个人信息处理规则的规范解释与体系构造》，原文刊载于《学术月刊》2022 年第 10 期。

② 袁建刚：《法经济学视野中的侵权法——风险预防的视角》，载《现代法学》2021 年第 5 期，第 67 页。

## 1. 个人信息处理规则设置的理念革新：知情同意到风险预防

有学者指出，告知规则与同意规则是处理个人信息的黄金规则，[①]并已得到司法实践的确认。告知规则与同意规则的实质是，个人信息处理活动应符合信息主体的合理预期。作为判断个人信息处理活动是否符合信息主体合理预期的关键，知情同意是个人信息保护的基础性机制，其"设计之初旨在保障用户对其个人信息的控制"。[②]在个人信息保护的发展过程中，知情同意规则被各国承认并奉为圭臬，成为个人信息保护的金科玉律。《个人信息保护法》第 29 条至第 31 条的规范目的在于依循公开、透明原则，希冀信息主体在意识到各种可能性后凭借自由意志作出选择，[③]具备道德转化及合法性赋予之功能。[④]但是，信息处理者与信息主体之间存在"数字鸿沟"，[⑤]恐难保证信息主体作出"真实有效"的意思表示，知情同意的立法目的可能落空。正如范为助理研究员所认为的，"以'知情同意'为核心的传统个人信息保护架构日益捉襟见肘，既无法为公民隐私提供实质性保障，又成为制约数据价值开发的重要掣肘"。[⑥]另外，个人信息处理中的告知规则和同意规则面临因虚置而引发的侵害风险。纵然《个人信息保护法》第 14 条第 1 款有明确规定，但信息主体在"充分知情

---

[①] 参见万方：《个人信息处理中的"同意"与"同意撤回"》，载《中国法学》2021 年第 1 期，第 167 页。

[②] 范为：《大数据时代个人信息保护的路径重构》，载《环球法律评论》2016 年第 5 期，第 95 页。

[③] 参见王成：《个人信息民法保护的模式选择》，载《中国社会科学》2019 年第 6 期，第 131 页。

[④] See Alan Wertheimer, Consent and Sexual Relations, *Legal Theory* 2.2(1996):89-112.

[⑤] 参见齐爱民、盘佳：《数据权、数据主权的确立与大数据保护的基本原则》，载《苏州大学学报（哲学社会科学版）》2015 年第 1 期，第 68 页。

[⑥] 范为：《大数据时代个人信息保护的路径重构》，载《环球法律评论》2016 年第 5 期，第 92 页。

的前提下自愿、明确作出"授权依然举步维艰。有学者指出,同意不是个人信息处理获得合法性的充分必要性理由。①以敏感个人信息为例,《个人信息保护法》第 29 条已删去《个人信息保护法(二次审议稿)》第 30 条中"基于个人同意处理敏感个人信息的"前半句便是例证。知情同意规则"要受隐私权的限制,还要受目的原则与必要原则的限制",②否则信息主体遭受侵害的风险无法根除。但即便有"特定的目的""充分的必要性""单独同意"等限制性规则的设置,遏制非法处理个人信息行为之路依然漫长。在此前提下,以风险预防理论为依托的个人信息处理规则设置的新兴理念映入眼帘,并受到广泛关注。相较于固有的救济性保护措施,风险预防理论所倡导的提高风险的预防水平,降低社会损失的理念将目光投向个人信息的预防性保护措施。《个人信息保护法》第 56 条第 1 款第 2 项关于"对个人权益的影响及安全风险"的评估即是风险预防理论的现行法表述。可见,个人信息处理规则设置的理念实现了从静态、救济性的知情同意向动态、预防性的风险预防的革新。

## 2. 个人信息知情同意规则的受限态势:限制性原则对知情同意规则的约束

知情同意规则的质疑之声此起彼伏,学界开始就可能的消解之法展开探讨,司法实践也进行了有益的尝试。部分学者指出,

---

① 参见任龙龙:《论同意不是个人信息处理的正当性基础》,载《政治与法律》2016 年第 1 期,第 126 页。

② 参见张新宝:《个人信息收集:告知同意原则适用的限制》,载《比较法研究》2019 年第 6 期,第 1 页。

海量个人信息的收集、多方流转、比对与再利用成为价值创造的源泉,同时也推动着个人信息生态系统(personal data ecosystem)[1]朝着去中心化的方向重构。信息主体对自身信息的控制力不断削弱,知情同意规则的受限态势悄然形成。如何建立有效的、合理的补强规则以约束知情同意规则下的个人信息处理活动值得商榷。信息处理者能够通过数据爬取、自动画像等技术组合措施抓取网络上无须知情同意的碎片化数据信息,并重新对其进行加工、传输与利用,知情同意规则失灵。此外,作为个人信息的敏感个人信息与私密信息存在部分重合,如通信信息属于敏感的私密信息,人脸信息属于敏感的非私密信息。[2]私密信息既无意让他人知晓,同意授权处理的可能性必然降低。有鉴于此,仅以知情同意规则审视个人信息处理活动,恐难取得实效。由此,欧盟《通用数据保护条例》第 9 条第 1 款坚持禁止处理原则,除非存在第 2 款(a)到(j)项所列情形,司法实践亦持严格限制态度。[3]俄罗斯《联邦个人数据法》第 10 条持相同观点。与此不同的是,我国并未采取"原则禁止、例外允许"的模式,而仍以知情同意规则为基础保护信息主体。[4]为实现利益衡平,此时对知情同意规则予以

---

[1] The World Economic Forum, Rethinking Personal Data: Trust and Context in User-Centred Data Ecosystems(2014), http://www3. weforum. org/docs/WEF_ RethinkingPersonalData_ Trust-andContext_Report_2014.pdf.

[2] 参见程啸:《论我国个人信息保护中的个人信息处理规则》,载《清华法学》2021 年第 3 期,第 69 页。

[3] See Christopher Kuner, Lee A. Bygrave and Christopher Docksey eds., *The EU General Data Protection Regulation(GDPR): A Commen-tary*, Oxford University Press, 2020, p.375.

[4] 参见龙卫球:《中华人民共和国个人信息保护法释义》,中国法制出版社 2021 年版,第 152 页。

限制是必要的。以敏感个人信息的知情同意规则为例,《个人信息保护法》第 28 条第 2 款的限制性原则契合利益衡平原则,这在该法起草过程有所体现。《个人信息保护法草案(二审稿)》第 32 条将《个人信息保护法草案(一审稿)》"作出更为严格限制的"的表述改为"作出其他限制的"。①因为在《个人信息保护法》第 28 条第 2 款已设置"特定的目的""充分的必要性""采取严格保护措施"前提下,再使用"更为严格限制的"表达实属不必。无论第 32 条如何表述,《个人信息保护法》第 28 条 2 款的限制性原则对知情同意规则的限制态势已然形成。可见,"欲实现隐私保护与数据价值开发的共赢,亟须破旧立新,因势利导,跳脱传统架构的局限,转而探索顺应技术发展的新路径,构建个人信息保护的有效机制,以适应大数据时代的发展需求"。②

### 3. 个人信息保护影响评估模式的转变:单一评估模式走向复合评估模式

巡视《个人信息保护法》第 56 条第 1 款第 1 项与第 2 项的条文顺序,"对个人权益的影响及安全风险"评估位于"处理目的、处理方式等是否合法、正当、必要"评估之后,具有一定的合理性。但囿于后者认定标准较为空泛与不确定,理论界存在将个人信息保护影响评估的重心转移到"对个人权益的影响及安全风险"评估上来的趋势。这时涉及《个人信息保护法》第 5 条、第 6 条与第

---

① 参见龙卫球:《中华人民共和国个人信息保护法释义》,中国法制出版社 2021 年版,第 151 页。
② 范为:《大数据时代个人信息保护的路径重塑》,载《环球法律评论》2016 年第 5 期,第 95 页。

56 条第 1 款的适用问题,有必要展开广泛而深入的研究。在相当长的一段时间内,理论界与实务界把敏感个人信息保护影响评估的焦点放在"处理目的、处理方式等是否合法、正当、必要"的单一评估模式上。可随着复合评估模式的优势日益凸显,单一评估模式有退出历史舞台之势。主要原因包括:

一是个人信息处理之目的与方式是否合法、正当、必要,需结合个人信息处理"对个人权益的影响及安全风险"进行评估。部分学者指出,"一方面,目的应当足够明确,以使信息主体对个人信息的后续使用产生清晰的认识和预期;另一方面,个人信息保护与利用之间应保持良好平衡,故而不能苛求目的范围的最小化,应当容留一些弹性空间"①。个人信息处理之目的与方式既作为衡量个人信息处理是否合法、适当的重要标准,亦可视为平衡个人信息保护与利用的重要手段。为兼顾信息主体权益保护与个人信息的充分利用。首先,"对个人权益的影响及安全风险"的评估可以作为"处理目的、处理方式等是否合法、正当、必要"评估的主要考量因素之一;其次,通过这种方式,也有助于规避"具有系统性、复杂性的隐私风险",②保证处理目的、处理方式等合法、正当、必要;最后,放眼司法实践,限制性原则与"对个人权益的影响及安全风险"的评估是相互作用、相互影响的。③

二是个人信息处理的安全风险大小直接影响信息主体的合法权益能否得到保障。优先评估个人信息处理"对个人权益的影

---

① 梁泽宇:《个人信息保护中目的限制原则的解释与适用》,载《比较法研究》2018 年第 5 期,第 16 页。
② 丁晓东:《个人信息私法保护的困境与出路》,载《法学研究》2018 年第 6 期,第 201 页。
③ 参见四川省德阳市旌阳区人民法院(2017)川 0603 民初 4743 号民事判决书。

响及安全风险"符合现实需求,具有合理性。单一评价模式对此则无能为力,亟待复合评价模式的"登场"。《个人信息保护法》第5条在构建个人信息保护规则的过程中主要考虑信息处理活动应"遵循合法、正当、必要"原则,第6条设置了限制性原则,这与该法第56条第1款第1项与第2项的布局基本一致。可见,《个人信息保护法》已经设置了"双管齐下"的复合评估模式。《民法典》第1035条关于个人信息处理的原则性规定与《民法典》第1038条第2款、《个人信息保护法》第9条、第51条关于信息处理者安全保障义务的规定,均是对以"风险预防"为主的个人信息处理理念的复合评估模式的践行。

## 二、个人信息侵权保护规则的立法面向 *

随着《民法典》《个人信息保护法》的出台,个人信息的侵权保护规则得以确立。然,受制于个人信息兼具人格与财产双重属性的特征以及《民法典》《个人信息保护法》不同的立法价值追求,个人信息侵权保护规则呈现出极强的复杂性与冲突性。根据现行法的规定,侵害个人信息权益可能造成妨害、损害及妨害与损害并存三种法律后果,民事责任承担因行为人、法律适用、归责原则、计算规则等的不同存在差异。《民法典》与《个人信息保护法》在个人信息侵权保护规则上展现出不同的立法面向,具体阐释如下:

---

\* 本节节选自杨显滨、王秉昌:《侵害个人信息权的民事责任——以〈个人信息保护法〉与〈民法典〉的解释为中心》,原文刊载于《江苏社会科学》2022年第2期。

### 1. 个人信息权益妨害救济条款：人格权请求权的细化

《民法典》出台前，人格权请求权与侵权损害赔偿请求权未实现分离，"过错责任广泛适用于一般的侵权责任形态"①。行为人侵害人格权构成侵权的，受害人依原《侵权责任法》第 6 条第 1 款适用过错责任原则主张侵权责任。人格权可能或正遭受持续妨害，未造成损害的，受害人无法通过侵权责任寻求救济，遭受诟病颇多。②《民法典》第 1165 条第 1 款最终做出回应，在原《侵权责任法》第 6 条第 1 款的基础上增加"损害"措辞，损害赔偿责任适用过错责任原则。《民法典》第 995 条规定了人格权请求权，损害赔偿请求权与人格权请求权得以分离，且不以过错为要件。个人信息权益属于人格权，其遭受妨害的，受害人（信息主体）依据《民法典》第 995 条主张停止侵害、排除妨碍、消除危险、赔礼道歉等民事责任的，无须考量行为人是否存在过错。然而，有学者提出，《民法典》第 1037 条规定的查阅权、复制权、异议权、更正权、删除权是人格权请求权的具体表现，个人信息权益受到妨害的，信息主体可直接行使上述权利，③无须依《民法典》第 995 条主张个

---

① 王利明：《侵权责任法研究》（上卷），中国人民大学出版社 2016 年版，第 234 页。

② 多数学者批判原《侵权责任法》第 6 条、第 7 条和第 15 条，如魏振瀛教授主张"停止侵害、排除妨碍、消除危险与返还财物适用无过错责任（不问侵权人有无过错）"。参见魏振瀛：《侵权责任方式与归责事由、归责原则的关系》，载《中国法学》2011 年第 2 期，第 27 页。杨立新认为"只有在损害赔偿责任中，才适用过错责任原则"，人格权受到威胁、妨害的，受害人主张返还原物、排除妨碍等民事责任，过错不是必须具备的要件。参见杨立新：《侵权责任法：条文背后的故事与难题（第二版）》，法律出版社 2018 年版，第 44 页。程啸提出"绝对权请求权的成立与行使与归责无关"，人格权是绝对权，其受到妨害，受害人可直接要求停止侵害、排除妨碍、消除危险，不适用过错责任原则。参见程啸：《中国民法典侵权责任编的创新与发展》，载《中国法律评论》2020 年第 3 期，第 46 页。

③ Schiopu, Silviu-Dorin, "General Consideration on the Right to the Erasure of Personal Data", *Revista Universul Juridic* 9(2019):47.

人信息权益妨害责任。在"杨志胜、湖南沅江农村商业银行股份有限公司名誉权纠纷案"①中,法院认为,生效再审判决已确认杨志胜不再对王伟文使用的 10 万元贷款承担责任,因而支持原告要求消除不良记录的诉求。在"梁吉辉与中国农业银行股份有限公司宝泉岭支行名誉权纠纷案"②中,法院认为,中国人民银行征信中心出具的个人信用报告存在信息错误,原告有权提出异议并请求及时采取更正等必要措施。上述案件中,当事人均主张适用《民法典》第 1037 条。《民法典》第 995 条处于人格权编一般规定章节,是一般条款;第 1037 条位于人格权编隐私权和个人信息保护章节,是特别条款,③第 1037 条具有适用上的优先性。上述主张存在合理之处,美中不足的是:信息主体依《民法典》第 1037 条行使查阅权、复制权、异议权、更正权、删除权,个人信息权益妨害未必得到充分救济,如侵害正在进行、存在实际妨害或危险等,这恰是第 995 条可能达到的救济效果。后者相较于前者,救济途径更多、更全面。第 995 条与第 1037 条具体如何适用,信息主体根据具体的侵权形态享有选择权。信息主体主张适用第 995 条而行为人主张适用第 1037 条者,法院可能遵循"特别法优于一般法"原则适用第 1037 条,则会出现上述得不到充分救济的困境。这构成个人信息权益妨害救济条款适用的第一重困境。若存在个人信息错误、违规处理等情势,个人信息处理者的行为也构成对信息主体个人信息权益行使的其他妨害或危险,作为受害人的

① 参见湖南省沅江市人民法院(2021)湘 0981 民初 1326 号民事判决书。
② 参见黑龙江省宝泉岭农垦法院(2021)黑 8101 民初 139 号民事判决书。
③ 汪全胜:《"特别法"与"一般法"之关系及适用问题探讨》,载《法律科学(西北政法大学学报)》2006 年第 6 期,第 50 页。

信息主体是否可以同时主张第 1037 条和第 995 条项下的权利，抑或单独主张第 995 条项下的权利，构成个人信息权益妨害救济条款适用的第二重困境。

卡尔·拉伦茨提出："人身权根据他的实质是一种受尊重的权利，一种人身不可侵犯的权利。"①个人信息权益是一项具体人格权，具有排除他人非法侵害的防御权能。查阅权、复制权、异议权、更正权、删除权是个人信息权益的"原权请求权"，②义务主体为信息主体以外的所有人。信息主体有权要求他人在处理其个人信息时，不得对其权利造成实际损害或妨害。③《民法典》是民事权益保护的基本法，该法第 1037 条是个人信息权益救济的基础规则，"信息处理者"理应为一切义务主体，而不论是否为个人信息处理者。有学者却主张，"在概念术语之选择、个人信息的权属定位和保护模式、个人信息处理原则及具体规则等诸多领域"，④《民法典》与《个人信息保护法》存在密切协同，《民法典》规定的"信息处理者"意即《个人信息保护法》规定的"个人信息处理者"，该观点得到广泛认可。但《民法典》第 1037 条查阅权、复制权、异议权、更正权、删除权排除适用非个人信息处理者的妨害行为，恐有违人格权之绝对权特性。此等争锋下，《民法典》规定的"信息处理者"与《个人信息保护法》规定的"个人信息处理者"语

①  [德]卡尔·拉伦茨：《德国民法通论》（上册），王晓晔译，法律出版社 2003 年版，第 379 页。
②  郭明瑞：《论侵权请求权》，载《烟台大学学报（哲学社会科学版）》2013 年第 3 期，第 17 页。
③  Laurel J. Harbour, Ian D. MacDonald & Eleni Gill, "Protection of Personal Data: The United Kingdom Perspective", *DEF. Counsel. J.* 70.1(2003):104.
④  郑晓剑：《论〈个人信息保护法〉与〈民法典〉之关系定位及规范协调》，载《苏州大学学报（法学版）》2021 年第 4 期，第 56 页。

义是否相同,后续出台的司法解释应予以特别说明。若"信息处理者"与"个人信息处理者"为同一语义,且非个人信息处理者的行为对个人信息权益构成妨害的,适用《民法典》第 995 条;语义不同者,适用第 1037 条。故此,"信息处理者"与"个人信息处理者"的语义衔接问题构成个人信息权益妨害救济条款适用的第三重困境。

### 2. 个人信息侵权财产损失赔偿规则:归责原则的异化

个人信息侵权损害赔偿责任适用何种归责原则,学界争议由来已久,主要存在"过错责任说"、[①]"无过错责任说"[②]和"区分说"。[③]《个人信息保护法》第 69 条第 1 款规定,个人信息处理者侵害个人信息权益造成损害的,适用过错推定责任原则。言外之意,非个人信息处理者为侵权主体的,《个人信息保护法》第 69 条第 1 款无适用空间,此时应适用《民法典》第 1165 条第 1 款过错责任原则。在"北京兰世达光电科技有限公司、黄晓兰诉赵敏名誉权纠纷案"[④]中,法院认为,赵敏将不当言论发至有众多该小区住户的两个微信群,主观过错明显,应当承担侵权责任。在"潘某与聂某名誉权纠纷上诉案"[⑤]中,法院认为,聂某侵害隐私权具备

① 杨立新:《侵害公民个人电子信息的侵权行为及其责任》,载《法律科学(西北政法大学学报)》2013 年第 3 期,第 147 页。
② 程啸:《论侵害个人信息的民事责任》,载《暨南学报(哲学社会科学版)》2020 年第 2 期,第 39 页。
③ 程啸:《论我国个人信息保护法中的个人信息处理规则》,载《清华法学》2021 年第 3 期,第 55 页。
④ 参见北京市第三中级人民法院(2018)京 03 民终 725 号民事判决书。
⑤ 参见四川省成都市中级人民法院(2006)成民终字 1423 号民事判决书。

主观过错，应承担民事责任。个人信息的收集、存储、使用、加工、传输、提供、公开、删除等处理行为由个人信息处理者（特别是法人、非法人组织）实施时，其相对于信息主体优势明显。因此，侵权主体为个人信息处理者时，损害赔偿责任适用《个人信息保护法》第 69 条第 1 款，得到多数学者的认可。然而，在《民法典》与《个人信息保护法》协同构建的个人信息权益侵权损害救济的"象牙塔"下，《个人信息保护法》第 69 条第 1 款的准确适用却面临现实困局。《个人信息保护法》第 73 条第 1 项将个人信息处理者界定为，个人信息处理活动中，自主决定处理目的、处理方式的组织、个人。有学者指出，"信息处理者是单独或与其他主体共同决定个人信息使用目的、途径的自然人、法人、其他组织"。[1]但是，皆未限定处理目的。遵循文义解释，出于自身需要，[2]自主决定采取某种方式处理个人信息的，即为个人信息处理者，与非个人信息处理者界限模糊。此等境遇下，侵害个人信息权益造成损害的，侵权主体是否为个人信息处理者，取决于法院的自由裁量。处于劣势地位的信息主体事先难以确定应否适用《个人信息保护法》第 69 条第 1 款，损害无法得到及时救济。"举证之所在，败诉之所在。"[3]参照域外立法，韩国《个人信息保护法》第 2 条第 5 项规定，"'个人信息处理者'是指为官方或商业目的的操作个人信息档案，直接或间接处理个人信息的公共机构、法人、组织、个人

---

① Bainbridge, DavidI, "Processing Personal Data and the Data Protection Directive", *Information & Communications Technology Law* 6.1(1997):20.

② 汉典网，https://www.zdic.net/hans/目的，最后访问日期：2023 年 2 月 22 日。

③ 陈永生：《论刑事诉讼中控方举证责任之例外》，载《政法论坛》2021 年第 5 期，第 77 页。

等",处理目的限定为"官方或商业目的"。[①] 为保障个人信息权益,划定侵权主体范畴,我国未来是出台司法解释限定《个人信息保护法》第 73 条第 1 项的"处理目的"还是由法院自由裁量,构成《个人信息保护法》第 69 条第 1 款的适用困局之一。此外,个人信息与隐私存在交叉,尤其是属于隐私的私密信息与敏感个人信息[②]存在重合。[③]《民法典》第 1034 条第 3 款规定:"个人信息中的私密信息,适用有关隐私权的规定;没有规定的,适用有关个人信息保护的规定。"在"凌某某诉北京微播视界科技有限公司隐私权、个人信息权益网络侵权责任纠纷案"[④]"王某、上海万某小额贷款有限公司隐私权纠纷案"[⑤]"陆某、广州弟诚商贸有限公司隐私权纠纷案"[⑥]等案件的判决中,法院认为,个人信息处理者违法处理私密信息,构成隐私权侵权,未造成损害的无须考虑过错问题;造成损害的,适用《民法典》第 1165 条第 1 款中的过错责任原则。但《个人信息保护法》作为特别法,该法第 69 条第 1 款应优先适用于侵权客体为个人信息的情势;侵权客体为私密信息时,适用《民法典》第 1165 条第 1 款。此种划分旨在强化个人信息保护,实现个人信息保护与利用、流通的衡平。然而,在这个过程中,《个人信息保护法》第 69 条第 1 款限定侵权客体为个人信息,

---

① 李爱君、苏桂梅:《国际数据保护规则要览》,法律出版社 2018 年版,第 446 页。
② 敏感个人信息是指与个人种族、政治倾向、宗教信仰、健康信息等相关的信息。See Rebecca Wong, "Data Protection Online: Alternative Approaches to Sensitive Data", *J. Int'l Com. L. & Tech.* 1.1(2007):10.
③ 王利明:《敏感个人信息保护的基本问题——以〈民法典〉和〈个人信息保护法〉的解释为背景》,载《当代法学》2022 年第 1 期,第 3 页。
④ 北京互联网法院(2019)京 0491 民初 6694 号民事判决书。
⑤ 广东省深圳市中级人民法院(2020)粤 03 民终 6646 号民事判决书。
⑥ 广东省广州市白云区人民法院(2021)粤 0111 民初 20124 号民事判决书。

与《民法典》1032 条第 2 款、第 1034 条第 3 款力图通过隐私权"强保护"私密信息的立法初衷背道而驰。具体而言,将私密信息纳入隐私的立法目的在于为私密信息提供"强保护"。故此,有学者认为,隐私信息保护的基本规则是个人信息保护的"黄金规则"。[①]该规则在一定程度上弱化其他个人信息的保护,促进个人信息的利用与流动。王利明教授认为,"隐私信息重在保护个人的私密空间,也就是说,重在'隐'",[②]正是此意。事实上,《个人信息保护法》第 69 条第 1 款限定适用个人信息为侵权客体,立法者的梦想化为泡影,一对矛盾开始浮出水面。侵权客体为个人信息且信息主体遭受损害的,适用《个人信息保护法》第 69 条第 1 款过错推定责任原则。"举证倒置"规则加重了个人信息处理者的举证责任,强化了个人信息保护。侵权客体为私密信息且受害人遭受损害的,适用《民法典》第 1165 条第 1 款过错责任原则。"谁主张,谁举证"规则减轻了个人信息处理者的举证责任,弱化了私密信息的保护。据此,仍然依循《个人信息保护法》在过错推定原则的主导下对私密信息以外的个人信息实施"强保护",会毁灭《民法典》立法者对私密信息进行"强保护"的"美梦",抑或回到立法者的初心,构成《个人信息保护法》第 69 条第 1 款适用的第二个困局。

### 3. 个人信息侵权精神损害赔偿条款:归责原则的未定

个人信息上承载着人格利益和财产利益,个人信息处理者违法

---

[①] Cooper, David M., "Transborder Data Flow and the Protection of Privacy: The Harmonization of Data Protection Law", *Fletcher Forum* 8.2(1984):344.

[②] 王利明:《王利明学术文集·人格权编》,北京大学出版社 2020 年版,第 663 页。

处理个人信息造成损害的,信息主体常遭受财产损失和精神损害。[1]审视《个人信息保护法》第 69 条第 1 款,财产损失赔偿责任适用过错推定责任原则,当无异议。但是,对于精神损害赔偿责任适用何种归责原则,学界则存在争议。杨立新教授提出,"《个人信息保护法》没有规定侵害个人信息权益的精神利益的精神损害赔偿……应当依照《民法典》第 1183 条第 1 款规定确定精神损害赔偿责任"[2]。言外之意,《个人信息保护法》第 69 条第 2 款是财产损失的赔偿规则,财产损失赔偿责任适用过错推定责任原则;精神损害赔偿责任以"造成严重精神损害"为前提,[3]采用过错责任原则。在"梁某某与上海山讯网络科技有限公司人格权纠纷案"[4]中,法院提出,被告披露了梁某某的港澳通行证上的个人信息,存在过错,且损害后果严重,判决被告支付精神损害抚慰金。事实上,《个人信息保护法》第 69 条第 2 款源自《民法典》第 1182条,后者是侵害人身权益造成财产损失的赔偿数额计算规则,前者的赔偿数额计算规则与后者表述相似。对此,王利明教授等曾提出,《民法典》第 1182 条的适用范围扩展至个人信息保护,《个人信息保护法》第 69 条第 2 款是对《民法典》第 1182 条的细化。[5]遵循

---

[1] 杨显滨:《网络平台个人信息处理格式条款的效力认定》,载《政治与法律》2021 年第 4期,第 14 页。

[2] 杨立新:《个人信息处理者侵害个人信息权益的民事责任》,载《国家检察官学院学报》2021 年第 5 期,第 38 页。

[3] 杨立新:《侵害个人信息权益损害赔偿的规则与适用——〈个人信息保护法〉第 69 条的关键词释评》,载《上海政法学院学报(法治论丛)》2022 年第 1 期,第 11 页。

[4] 山东省济南市历城区人民法院(2015)历城民初字第 1641 号民事判决书。

[5] 王利明、丁晓东:《论〈个人信息保护法〉的亮点、特色与适用》,载《法学家》2021 年第 6期,第 9 页。

体系解释,明确《个人信息保护法》第 69 条第 2 款仅为个人信息权益侵权中财产损失赔偿数额的计算规则,进而排除过错推定责任原则对精神损害赔偿责任的适用,转而诉诸《民法典》第 1183 条第 1 款适用过错责任原则具有合理性。然而,财产损害赔偿责任和精神损害赔偿责任适用不同的归责原则不利于损害救济,上述主张是否可行值得推敲。彭诚信教授则认为,"个人信息财产利益与人格利益一体救济亦有适用上的特殊性",①财产损害赔偿责任和精神损害赔偿责任应统一适用过错推定责任原则,且精神损害无须达致严重程度。立足个人信息权益侵权案件,损害赔偿责任统一适用过错推定责任原则,精神损害和财产损失能获得一体救济,亦可以减轻诉累。但此种主张的依据是什么,《个人信息保护法》第 69 条第 2 款与第《民法典》第 1182 条之间的关系如何界定及何以协调适用,有待进一步诠释。另外,也有学者提出个人信息权益侵权责任应采用无过错责任原则(敏感个人信息)或过错推定责任原则(非敏感个人信息),②但此种主张随着《个人信息保护法》的落地,已无太大意义。程啸教授指出,《个人信息保护法》第 69 条第 2 款是对《民法典》第 1182 条的创新,该款规定的"损失"包括"财产损失"和"精神损害"。③《民法典》第 1182 条适用于任何人身权益侵权案件,《个人信息保护法》第 69 条第 2 款只适用于个人信息权益侵权案件,这是由《个人信息保护法》的特别法地位决定的。据此,《个人信息保护法》第 69 条第

---

① 彭诚信:《论个人信息的双重法律属性》,载《清华法学》2021 年第 6 期,第 96 页。
② 程啸:《论我国个人信息保护法中的个人信息处理规则》,载《清华法学》2021 年第 3 期,第 73 页。
③ 程啸:《侵害个人信息权益的侵权责任》,载《中国法律评论》2021 年第 5 期,第 69 页。

2款作为《民法典》第1182条规定的特别条款,可以对"损失"的内涵作出不同界定,精神损害赔偿责任适用过错推定责任原则是说得通的。然而,肆意扩张《个人信息保护法》第69条第2款的"损失"范围至精神损害,有混淆侵权法中"损失"与"损害"的语义之虞,有进一步讨论的空间。

此等境遇下,个人信息权益侵权中,信息主体遭受精神损害,适用过错责任抑或过错推定责任原则,事关个人信息的保护、利用与流通,亟待寻求消解之法。追根溯源,采用何种归责原则取决于如何对《个人信息保护法》第69条第2款中的"损失"进行解释,即是限缩解释为财产损失,抑或其本意就是财产损失,还是扩大解释为财产损失和精神损害。解释为财产损失,则与《民法典》第1182条保持一致,损失等于财产损失。个人信息侵权造成精神损害的,只能委诸《民法典》第1183条第1款,财产损失赔偿责任与精神损害赔偿责任的归责原则出现二分现象。解释为财产损失与精神损害,则与《民法典》第1182条存在冲突与协调适用问题,优点是财产损失赔偿责任与精神损害赔偿责任的归责原则实现了统一。

### 三、数据保护规则的价值遵循

随着2022年12月19日"数据二十条"的发布,我国数据保护已然进入新阶段。正如"数据二十条"第1条指出,"完整、准确、全面贯彻新发展理念,加快构建新发展格局,坚持改革创新、系统谋划……构建适应数据特征、符合数字经济发展规律、保障国家数据安全、彰显创新引领的数据基础制度"。数据基础制度建设已势在必行。依照"数据二十条"第 3 条规定,根据数据来源和数据生成特征,"探索数据产权结构性分置制度。建立公共数据、企业数据、个人数据的分类分级确权授权制度"。以此为前提,部分学者指出,基于数据在不同阶段分别具有个人信息、企业数据、公共利益和国家安全四重属性,应以此来构建完整的数据保护体系。①可见,构建数据保护规则无法回避数据所意涵的多重属性,既须保护个人隐私与个人信息权益不受侵害,又须"推进非公共数据按市场化方式'共同使用、共享收益'的新模式",同时须保障公共数据的"加强汇聚共享和开放开发",从而"健全数据要素权益保护制度,逐步形成具有中国特色的数据产权制度体系"。

### 1. 个人数据保护规则的价值取向:平衡数据主体的合法权益与数据的合理使用

正如本书第 5 章第 3 节所述,应适用场景理论判定数据的来源以及数据处理的目的,进而认定数据的不同属性。本节将在此基础上探讨构建个人数据保护规则的价值取向。"数据二十条"第 6 条规定,"对承载个人信息的数据,推动数据处理者按照个人授权范围依法依规采集、持有、托管和使用数据,规范对个人信息的处理活动,不得采取'一揽子授权'、强制同意等方式过度收集个人信息,促进个人信息合理利用"。由此可见,个人数据以个人信息为依托,强调信息主体对个人信息处理活动,也即个人数据处理活动的控制。受个人数据保护规则缺失的影响,个人数据保

---

① 参见许浩明、陈福:《数据的四重性及其保护体系研究》,载《江西社会科学》2022 年第 12 期,第 152 页。

护的构建可参照、借鉴个人信息保护的相关规定。[1]构建个人数据保护规则无法摆脱个人信息保护规则价值取向的影响与约束。至于个人信息保护的立法价值取向,在陈景辉教授看来,"保护个人信息与保护隐私之间并无性质差异,相对于那些更根本的价值,它们都是中间性名称"[2]。隐私承载着人格利益,保护隐私可以彰显法律的制度价值,也可以成为保护个人信息的正当理由。故而,构建个人数据保护规则因脱胎于个人信息保护规则,进而承袭自个人隐私保护规则。

根据"数据二十条"第 6 条、第 7 条规定,在"充分保护数据来源者合法权益,推动基于知情同意或存在法定事由的数据流通使用模式,保障数据来源者享有获取或复制转移由其促成产生数据的权益"的同时,"促进个人信息合理利用"。"几乎所有国家或地区在保护个人信息的法律规范中,都要关注民事权益保护与合理自由维护这一对价值的协调,既尊重和保护自然人的人格尊严等基本人权,也充分维护公共利益,保护言论与信息自由、商业活动的正常进行。"[3]《通用数据保护条例》序言指出,"欧洲当局已经认识到寻求平衡的重大意义,一方面要保证个人数据的保护和安全,另一方面应允许使用个人数据来有效促进商业竞争和社会的现代化"。[4]受制于此,我国亦不能置身事外。《个人信息保护法》

---

[1] 参见魏书音:《GDPR 对我国数字经济企业的影响及建议》,载《网络空间安全》2018 年第 8 期,第 34 页。

[2] 陈景辉:《隐私的价值独特性:个人信息为何应受保护》,载《环球法律评论》2022 年第 1 期,第 38 页。

[3] 程啸:《个人信息保护法理解与适用》,中国法制出版社 2021 年版,第 14 页。

[4] See General Data Protection Regulation Preface.

第 1 条亦规定,《个人信息保护法》的立法目的在于"保护个人信息权益,规范个人信息处理活动,促进个人信息合理使用"。

如前所述,个人数据保护规则的构建离不开个人信息保护规则的约束,同时亦难以脱离个人隐私保护规则的制约。《民法典》第 999 条规定,"为公共利益实施新闻报道、舆论监督等行为的,可以合理使用民事主体的姓名、名称、肖像、个人信息等"。王利明教授认为,隐私可以成为合理使用的客体,[①]适用《民法典》第 999 条的规定。此外,根据《民法典》1036 条第 2 项至第 3 项的规定,信息处理者可以合理使用信息主体自行公开、已经合法公开的个人信息或为维护公共利益、信息主体合法权益合理使用个人信息。由此可见,在现有的个人隐私与个人信息保护体系下,兼顾人格权益的保护与信息的自由流通。这也正印证了"任何权利的行使都是有其界限的,自然人对个人信息所享有的权益也不例外"[②]。以此为前提,个人数据保护体系的构建亦应遵循个人隐私与个人信息保护规则的价值取向——平衡个人数据权益保护与合理使用。

**2.企业数据保护规则的价值抉择:保障数据处理者自主管控的权益**

"数据二十条"第 7 条规定,"在保护公共利益、数据安全、数据来源者合法权益的前提下,承认和保护依照法律规定或合同约

---

① 参见王利明、程啸:《中国民法典释评·人格权编》,中国人民大学出版社 2020 年版,第 139 页。

② 黄薇主编:《中华人民共和国民法典释义(下)》,法律出版社 2020 年版,第 1928 页。

定获取的数据加工使用权,尊重数据采集、加工等数据处理者的劳动和其他要素贡献,充分保障数据处理者使用数据和获得收益的权利"。本条所规定的数据加工使用权与收益权等权利正是数据处理者自主管控企业数据权益的彰显。龙卫球教授认为,"企业数据保护走出借用传统法律的策略转向数据新型财产权化新机制,时所必然、事所必然⋯⋯企业数据保护在承载企业追求经济化的功能的同时,具有多重功能的聚合性和所涉利益关系的交织性"[1]。作为数字经济飞速发展进程中产生的为最重要的数据类型之一,企业数据因其独有的财产属性而有别于个人数据与公共数据。可见,"探寻企业数据财产权保护路径具有可能性与可行性;数据经济兴起导致数据可以具有财产属性,其是数据财产权确立的社会经济前提"[2]。

前文已就数据采用财产权保护模式的合理性与可行性进行论述。在企业数据财产权的倡导者看来,承认作为数据处理者的企业就企业数据享有"绝对性、排他性"的权利,方能使得数据经济"得以置身于一种高效稳定的财产权结构性的驱动力和交易安全的保障之中"[3]。司法实践中,采用财产权模式保护企业数据早已有迹可循。在"淘宝(中国)软件有限公司诉安徽美景信息科技有限公司不正当竞争纠纷案"[4]中,法院即认为,"网络运营者对于其开发的大数据产品,应当享有自己独立的财产性权益"。

---

[1]　龙卫球:《再论企业数据保护的财产权化路径》,载《东方法学》2018 年第 3 期,第 50 页。
[2]　徐实:《企业数据保护的知识产权路径及其突破》,载《东方法学》2018 年第 5 期,第 55 页。
[3]　龙卫球:《数据新型财产权构建及其体系研究》,载《政法论坛》2017 年第 4 期,第 75 页。
[4]　参见浙江省杭州铁路运输法院(2017)浙 8601 民初 4034 号民事判决书。

同时，法院亦认为，"随着互联网科技的迅猛发展，网络大数据产品虽然表现为无形资源，但可以为运营者所实际控制和使用，网络大数据产品应用于市场能为网络运营者带来相应的经济利益"。由此，在社会实践与司法实务中均已承认数据处理者就企业数据享有自主管控的权益。

　　针对数据处理者就企业数据享有财产权，应结合数据处理者对企业数据享有自主管控的权益加以理解。如何解构数据处理者的自主管控权益方为企业数据保护规则构建的关键。欧盟于1996 年发布的《关于数据库法律保护的指令》第 1 条规定，数据制作者对其经系统或有序的安排，并可通过电子或其他手段单独加以访问的独立的作品、数据或其他材料的集合，可以享有特殊权利的保护。根据《关于数据库法律保护的指令》规定，数据处理者"可以通过许可合同转移、转让、授予他人；权利人还可以防止任何第三方对数据库内容的全部或实质内容进行提取和再利用"①。对数据库实质内容的认定，《关于数据库法律保护的指令》第 7 条规定，"实质部分的判断可以从数据库内容的性质和数量上加以判断"。据此，可将数据处理者对企业数据的自主管控理解为，在企业数据确权授权中，数据处理者可限制何种性质的企业数据具有处理性以及明确企业数据的处理方式、数量等。这也正契合"数据二十条"第 5 条关于"推动建立企业数据确权授权机制"的规定，进而"保障其投入的劳动和其他要素贡献获得合理回报，加强数据要素供给激励"。

---

① 龙卫球：《再论企业数据保护的财产权化路径》，载《东方法学》2018 年第 3 期，第 55 页。

3. 公共数据保护规则的价值朝向：保障公共数据供给使用的公共利益

"公共数据资源对外开放已成为世界大多数国家数据治理改革的新动向。"①前有美国先后发布《开放和透明政府备忘录》《开放政府指令》以促进政府数据等公共数据的处理与利用，后有英国为推动公共数据的获取与流通于 2012 年修订《信息自由法》。②我国公共数据保护规范性文件亦紧随其后，先后出台有《中华人民共和国政府信息公开条例》《促进大数据发展行动纲要》《公共信息资源开放试点工作方案》《上海市公共数据开放暂行办法》《北京市公共数据管理办法》等文件。日前发布的"数据二十条"第 4 条规定，"推动用于公共治理、公益事业的公共数据有条件无偿使用，探索用于产业发展、行业发展的公共数据有条件有偿使用。依法依规予以保密的公共数据不予开放，严格管控未依法依规公开的原始公共数据直接进入市场，保障公共数据供给使用的公共利益"。在不同的处理场景下，公共数据展现出截然相反的价值朝向，具体表现为，"完全开放定位为基础保障机制，由政府直接向社会提供原始数据，以满足公众普遍性利用需求；有条件开放作为特殊场景数据利用的实现机制，可满足数据需求侧和供给侧的特殊开发利用需要"③。

首先，为推进公共治理与公益事业而允许有条件无偿使用公共数据是公共数据供给使用之公共利益的有力保障。2022 年 12

---

① 武亚飞：《大数据时代公共数据开放立法研究》，载《科技与法律》2022 年第 6 期，第 83 页。

② 黄如花、刘龙：《英国政府数据开放中的个人隐私保护研究》，载《图书馆建设》2016 年第 12 期，第 48 页。

③ 宋烁：《构建以授权运营为主渠道的公共数据开放利用机制》，载《法律科学（西北政法大学学报）》2023 年第 1 期，第 83 页。

月 14 日发布的《北京市数字经济促进条例》第 16 条第 2 款规定，"本条例所称公共数据，是指公共机构在履行职责和提供公共服务过程中处理的各类数据"。其中，"公共机构，包括本市各级国家机关、经依法授权具有管理公共事务职能的组织"。在胡凌教授看来，公共数据包括政府部门委托授权特定私营部门或个体在行使特定公共职能过程中收集的数据，以及公共属性的领域或空间中，并非依赖政府职责产生的、涉及公共利益的数据。[①]可见，在公共利益、公共资源等广义层面讨论公共数据已是立法界与学术界的主流观点，[②]公共数据所承载的公共利益不容回避。"数据二十条"第 4 条关于有条件无偿使用公共数据的规定，正为保障承载社会多数人利益的公共利益。

其次，为推动产业发展与行业发展而允许有条件、有偿使用公共数据是公共数据供给使用之公共利益的另一面向。相较于允许有条件无偿使用公共数据而言，为推动产业发展与行业发展而允许有条件有偿使用公共数据则在一定程度上体现出对公共利益的保障。虽"公共数据应难逃数据财产性窠臼，但在'建设全国一体化的国家大数据中心'背景下，公共数据的搜集、共享利用重在促进社会公共事业管理革新，属于公益性范畴"[③]。正因如此，"数据二十条"第 13 条规定，应"加大政府引导调节力度，探索建立公共数据资源开放收益合理分享机制，允许并鼓励各类企业依法依规依托公共数据提供公益服务"。

---

① 参见胡凌：《论地方立法中公共数据开放的法律性质》，载《地方立法研究》2019 年第 3 期，第 3 页。
② 参见吕廷君：《政府数据开放的法治思维》，载《理论探索》2017 年第 4 期，第 111 页。
③ 王勇旗：《公共数据法律内涵及其规范应用路径》，载《数字图书馆论坛》2019 年第 8 期，第 34 页。

# 第七章 个人信息与数据保护规则的价值遵循与现实回应

前文已就数字经济下隐私、个人信息与数据保护规则的发展趋势展开论述,并明确个人信息处理知情同意规则的受限态势、个人信息侵权保护规则的现存龃龉及个人数据、企业数据及公共数据保护规则的价值取向。作为隐私、个人信息与数据保护的核心内容,个人信息通过私密信息与隐私相关联。同时,个人信息通过其所承载的人格利益与财产利益,衔接起在先的隐私保护与在后的数据保护。在数字经济如火如荼发展的当下,个人信息与数据保护成为当代立法的核心与立法发展的重点。在思考个人信息、个人数据、企业数据与公共数据保护规则发展趋势的基础上,如何协调现行规定予以回应乃个人信息与数据保护规则发展的唯一出路。本章将以个人信息与数据保护规则发展进程中的价值转向为指引,立足于个人信息与数据保护规则由静态性、救济性保护向动态性、预防性模式的转变趋势,构建各原则、规则之间的协调适用机制,并提出应对策略,供学界讨论与相关决策部门参考。

## 一、个人信息保护规范协调适用制度的建立 *

"由于后信息时代数据集成化应用的快速发展带来了难以满足的个人信息使用需求,因此,若个人信息的每一次、每一项使用都须获得信息主体的同意,则会造成严重的数据流通壁垒。"[①]个人信息处理知情同意规则的弱化适用态势已然形成。受制于个人信息处理知情同意规则的弱化,我国现行法展现出限制个人信息处理知情同意规则的趋势。作为回应,本节将详细阐述个人信息处理知情同意规则的补强规则、规范协调适用制度的构建,以求实现个人信息保护具体规则与价值取向的两相契合。

### 1. 个人信息处理规则立法价值取向的现实回应:递进式应对方案的创设

前已论及,知情同意无法发挥防免侵害的功能。"在大数据时代,知情同意原则陷入困境之中,海量信息的批量处理、多方共享、目的不特定之频繁利用加大了有效同意获取的难度,同意作为个人信息处理正当性基础之地位受到质疑。"[②]理论界与实务界开始质疑个人信息处理规则设置的知情同意规则的有效性和合理性,[③]风险预

---

* 本节节选自杨显滨:《我国敏感个人信息处理规则的规范解释与体系构造》,原文刊载于《学术月刊》2022 年第 10 期。

① 廖丽环:《个人信息处理中同意规则弱化适用的路径优化——基于情境脉络完整性理论的场景细分》,载《法制与社会发展》2022 年第 6 期。

② 田野:《大数据时代知情同意原则的困境与出路——以生物资料库的个人信息保护为例》,载《法制与社会发展》2018 年第 6 期,第 111 页。

③ 参见高富平:《个人信息保护:从个人控制到社会控制》,载《法学研究》2018 年第 3 期,第 84 页;张新宝:《个人信息收集:告知同意原则适用的限制》,载《比较法研究》2019 年第 6 期,第 17 页。

防理念应运而生。①欧盟《通用数据保护条例》已对风险预防理念作出建设性尝试，②该法第 32 条第 1 款特别指出，控制者和处理者应采取适当技术和管理措施以保障风险的适当安全水平。③"唯有控制好个人信息处理的'闸口'，才能够真正降低人身财产权益遭受侵害的风险。"④为应对这种理念的转向，需对告知规则、同意规则进行完善，突出风险预防的次级理念，构建并行于二者的限制性原则补强规则。基于前述，我国个人信息处理规则未来可能的立法应对方案是：首先，依据《个人信息保护法》第 56 条第 1 款第 2 项评估个人信息处理活动是否对个人权益有消极影响及是否存在安全风险。再依据《个人信息保护法》第 14 条第 1 款审查个人信息处理活动是否遵守知情规则等情势。最后，按照《个人信息保护法》第 5 条第 2 款的规定审视处理个人信息是否"必要"、是否具有"明确、合理的目的"，以认定信息处理活动的合法性、正当性与必要性。据此，安全风险评估-知情同意规则适用-限制性原则补强的递进式应对方案得以形成，可以有效应对个人信息处理中的安全风险问题。作为个人信息处理知情同意规则的补强规则，安全风险评估-知情同意规则适用-限制性原则补强的递进式方案在遵循现有知情同意规则的基础上，兼顾个人信息处理的动态风险预防，进而实现个人信息的事前预防性保护

---

① 赵精武：《"元宇宙"安全风险的法律规制路径：从假想式规制到过程风险预防》，载《上海大学学报（社会科学版）》2022 年第 5 期，第 103 页。

② 参见周汉华：《探索激励相容的个人数据治理之道——中国个人信息保护法的立法方向》，载《法学研究》2018 年第 2 期，第 22 页。

③ 任虎：《欧盟一般数据保护条例》，华东理工大学出版社 2018 年版，第 69 页。

④ 张新宝：《论个人信息权益的构造》，载《中外法学》2021 年第 5 期，第 1152 页。

与事后救济性保护。

2. 个人信息处理知情同意规则受限态势的立法回应：补强规则的构建

在"卡-梅框架"下，以知情同意为核心的个人信息保护制度成本高于收益，[1]需将法律规制的重心从信息处理知情同意转向信息处理行为规制。相较于个人信息知情同意规则的静态保护模式，个人信息处理行为规制则着眼于个人信息处理流程的动态性保护。为贯彻个人信息处理的动态性保护规则，可适当借鉴《个人信息保护法》第 28 条第 2 款的限制性原则，[2]且应贯穿于个人信息处理的各个环节。但是，限制性原则的适用对于敏感个人信息处理的拘束力应当大于一般个人信息。即使个人信息处理者获得同意，仍可能承担相应的法律责任。[3]知情同意只是考量信息处理者是否可以处理个人信息的主要因素之一，不能就此认定信息处理活动正当、合法和必要。在同意层级理论下，信息主体的同意属于"可撤回的单方同意""相对人并未获得一项独立于同意主体之意志的权利地位"。[4]此等境遇下，可应用限制性原则对知情同意规则进行限制，砌筑知情同意规则适用的补强规

① 参见丁晓强：《个人数据保护中同意规则的"扬"与"抑"——卡-梅框架视域下的规则配置研究》，载《法学评论》2020 年第 4 期，第 135 页。

② See Daniel J. Solove, Introduction: Privacy Self-Management and the Consent Dilemma, *Harvard Law Review* 126.7(2013):1903.

③ 参见王琳琳：《个人信息处理"同意"行为解析及规则完善》，载《南京社会科学》2022 年第 2 期，第 88 页。

④ 王洪亮、李依怡：《个人信息处理中"同意规则"的法教义学构造》，载《江苏社会科学》2022 年第 3 期，第 103 页。

则,即设置知情同意规则有效适用的前提条件——遵守限制性原则。信息处理者处理个人信息没有遵循限制性原则的,纵然履行了告知义务,获得了信息主体的授权,也应当对其合法性和正当性进行否定。"在大数据时代,个人信息处理行为的规制原则应是防止滥用,而非严格保护,故对个人信息处理行为是否具有正当性的考察宜采用责任规则及事后判断的方式,同意不应是个人信息处理的正当性基础。"[①]这与《个人信息保护法》第 5 条、第 6 条、第 28 条第 2 款的立法目的是一致的。信息处理者只有在遵守限制性原则的前提下,方可经过知情同意规则获得处理个人信息的合法性与正当性。在"'情景合理'加'拟制同意'等于合法处理"的弱同意模式下,[②]信息主体只有了解个人信息处理的"必要性""明确、合理的目的"等情势,才能对个人信息处理可能遭遇的风险进行评估,作出同意与否的真实意思表达。

### 3. 个人信息处理规则对复合评估模式的回应:规范协调适用制度的建立

作为回应,个人信息处理规则应建立规范协调适用制度:一是明确《个人信息保护法》第 56 条第 1 款所列各项之间是并列关系,不存在适用序位。《个人信息保护法》第 56 条第 1 款采用的是"个人信息保护影响评估应当包括以下内容"的措辞,这表明各项之间是并行关系,不存在适用序位上的优先性。此外,该条适

---

① 任龙龙:《论同意不是个人信息处理的正当性基础》,载《政治与法律》2016 年第 1 期,第 126 页。

② 参见蔡星月:《数据主体的"弱同意"及其规范结构》,载《比较法研究》2019 年第 4 期,第 71 页。

用于所有个人信息的影响评估,非某类个人信息处理的独有规则。二是就敏感个人信息而言,《个人信息保护法》第28条第1款和第2款是相对于第56条第1款第1项与第2项之间并列关系的一种特殊制度设置,即第28条第1款所涉内容的评估优位于第2款。第28条作为特别法,可以作出不同于第56条第1款一般法的制度安排。若为一般个人信息处理,则适用《个人信息保护法》第56条进行影响评估。三是明确复合评估模式的主导地位,聚焦"对个人权益的影响及安全风险"的评估,以此作为"对个人信息的处理目的、处理方式等是否合法、正当、必要"的主要判断依据。四是创设例外情形下以风险可能性、大小为评价指标的动态化复合评估模式。复合评估模式具有确定性与指引性,但依《民法典》第998条坚守的动态系统论,可以适当把握该模式的灵活性,以适用于不同场景,进行差异化处理。①维尔伯格在比较法的基础上提出了动态系统论的思想,称调整各个具体关系的规范因素是一个动态的系统。②"动态系统论最早由奥地利学者维尔伯格(Walter Wilburg)于20世纪40年代提出,经日本学者山本敬三等人的介绍与传播,已经为我国法学界所熟知,并在全世界的范围产生了重要的影响。"③通过动态系统论,立法者既能限

---

① 参见胡学军:《民法典"动态系统论"对传统民事裁判方法的冲击》,载《法学》2021年第10期,第140页。
② 参见王利明:《民法典人格权编中动态系统论的采纳与运用》,载《法学家》2020年第4期,第1页。
③ 王利明:《〈民法典〉人格权编的立法亮点、特色与适用》,载《法律适用》2020年第17期,第19页。

制法官的自由裁量空间,还能"兼顾生活事实的多样性"。①《个人信息保护法》不仅侧重权利侵害的事后救济,还注重对个人信息权益的预防性保护。未来对上述个人信息处理的风险预防与化解规则,可在立法、司法解释层面通过建构规范协调适用制度得以实现。

## 二、个人信息权益侵权保护规则的协调适用 *

前已述及,个人信息侵权保护规则存在个人信息权益妨害救济条款的适用存疑、个人信息权益侵权损害赔偿责任适用何种归责原则尚未明确等问题。作为个人信息保护规则的重要组成部分,个人信息侵权保护规则直接决定了信息主体在个人信息遭受妨害或侵害时,能否获得救济以及如何获得救济。本节将着眼于《民法典》《个人信息保护法》中涉及个人信息妨害与侵害救济条款的解释,力求实现《民法典》与《个人信息保护法》在个人信息保护上的互动融合。

### 1. 个人信息权益妨害救济条款的协调适用机制

《民法典》第1037条置于人格权编,是个人信息权益妨害的救济条款,其与同位于人格权编的第995条及《个人信息保护法》第44条至第50条之间是什么关系、如何协调适用,有待厘清,否

---

① [奥]海尔穆特·库奇奥:《损害赔偿法的重新构建:欧洲经验与欧洲趋势》,朱岩译,载《法学家》2009年第3期,第6页。

＊ 本节节选自杨显滨、王秉昌:《侵害个人信息权的民事责任——以〈个人信息保护法〉与〈民法典〉的解释为中心》,原文刊载于《江苏社会科学》2022年第2期。

则个人信息权益的妨害救济问题难以从根本上得到消解。个人信息权益受到妨害的,信息主体可依据《民法典》第 1037 条寻求救济。《个人信息保护法》第 44 至 50 条在《民法典》第 1037 条赋予信息主体查阅权、复制权、异议权、更正权、删除权的基础上,增加了知情权、决定权、拒绝权和解释权。个人信息处理者违法处理个人信息造成个人信息权益妨害的,信息主体依据《个人信息保护法》第 44 条至第 50 条行使知情权、决定权等即可能实现救济,[1]而《民法典》第 995 条关于人格权妨害规定的适用空间较小。不过,个人信息权益妨害对信息主体造成侵害,如名誉减损(existimationis minutio),《民法典》第 995 条获得适用空间,因为"名誉减损和人格变更一样,也影响一人对权利的享有。包括不作证,丧廉耻和污名等"[2]。妨害行为给信息主体带来负面社会影响,导致现实危险、潜在危险或妨碍个人信息权益行使,行使《个人信息保护法》第 44 条至第 50 条项下权利无法完全消除妨害的,可以适用《民法典》第 995 条进行救济,实现《个人信息保护法》与《民法典》的互动与协调适用。反之,行使知情权、决定权、拒绝权、查阅权、复制权、异议权、更正权、删除权、解释权等足以救济个人信息权益妨害的,《民法典》第 995 条应呈现潜伏状态。另外,《个人信息保护法》相对于《民法典》属于特别法,在具体适用上具有优位性,故相对于《民法典》第 995 条,优先适用《个人信息保护法》第 44 条至第 50 条是正当的。

---

[1] 王利明:《论个人信息权的法律保护——以个人信息权与隐私权的界分为中心》,载《现代法学》2013 年第 4 期,第 67 页。

[2] 周枏:《罗马法提要》,北京大学出版社 2008 年版,第 25 页。

　　《个人信息保护法》旨在规制个人信息处理者的处理行为,非个人信息处理者的处理行为不受其统摄。非个人信息处理者妨害个人信息权益的,信息主体无法适用《个人信息保护法》第44条至第50条,此时应回归《民法典》第1037条。然而,《民法典》第1037条规定的查阅权、复制权、异议权、更正权、删除权,虽为人格权请求权的具体形式,非个人信息处理者妨害个人信息权益的,信息主体却不应适用此款寻求救济。原因在于,《个人信息保护法》第44条至第50条规定的知情权等个人信息权能,是对《民法典》第1037条信息主体权利的细化和进一步扩充,二者皆是《民法典》第995条人格权请求权的具体形式,适用情形理应保持一致。而且,《个人信息保护法》第44条至第50中的"个人信息处理者"与《民法典》第1037条中的"信息处理者"应为同义,即"个人信息处理者"。非个人信息处理者妨害个人信息权益境遇下,信息主体既不能适用《个人信息保护法》第44条至第50条寻求救济,也不能适用《民法典》第1037条。①非个人信息处理者处理个人信息不适用《个人信息保护法》,非个人信息处理者妨害个人信息权益的亦是如此。体系解释下,《个人信息保护法》第44条至第50条置于第四章"个人在个人信息处理活动中的权利"项下,第72条置于第八章附则项下,不存在特别条款相对于一般条款的优先适用问题,相关规则应当保持一致。该法第72条第1款排除了其对非个人信息处理者的适用,第44条至第50条应当与之统一。非个人信息处理者妨害信息主体个人信息权益行使

---

① 王利明:《论个人信息删除权》,载《东方法学》2022年第1期,第38页。

的,信息主体不能适用《个人信息保护法》第 44 条至第 50 条行使知情权、决定权、拒绝权、查阅权、复制权、异议权、更正权、删除权、解释权等排除妨害。《个人信息保护法》第 44 条至第 50 条是对《民法典》第 1037 条的细化和扩充,两者的适用对象具有统一性,《民法典》第 1037 条也不能作为非个人信息处理者妨害个人信息权益的救济路径。

上已论及,《民法典》第 1037 条相较于第 995 条是特殊条款,具有适用上的优位性。非个人信息处理者妨害个人信息权益行使的,不适用于《个人信息保护法》,也不适用于《民法典》第 1037条这一特殊条款,但可以适用该法第 995 条这一一般条款。《民法典》第 995 条规定"人格权受到侵害的,受害人有权依照本法和其他法律的规定请求行为人承担民事责任"。"人格权"包括一般人格权和具体人格权,其中,具体人格权包括个人信息权益,因而《民法典》第 995 条可以作为非个人信息处理者妨害个人信息权益行使的救济路径。该条适用的前提是"人格权受到侵害的",援引到个人信息权益可以理解为"个人信息权益受到侵害的",未将个人信息处理者和非个人信息处理者分而视之,可以直接适用。非个人信息处理者妨害个人信息权益的,法院亦支持信息主体的一般人格权请求权。在"刘某与沈某 1 隐私权纠纷案"①中,沈某1 非个人信息处理者,其在公共楼道安装带有摄像头的门铃防盗,记录刘某及其家人出行规律等个人信息,对个人信息权益构成妨害。法院判决沈某 1 拆除智能门铃,驳回删除摄像头视频资

---

① 参见北京市第二中级人民法院(2020)京 02 民终 1641 号二审民事判决书。

料的请求,事实上支持了受害人的一般人格权请求权。故而,非个人信息处理者妨害个人信息权益行使的,信息主体可以依循《民法典》第 995 条主张人格权请求权,要求非个人信息处理者停止侵害、排除妨害、消除危险、消除影响、恢复名誉、赔礼道歉。

### 2. 个人信息侵权损害赔偿责任归责条款的二元架构

个人信息处理者是个人信息的实际掌控者,其以专业技术违法处理个人信息造成信息主体损害的,信息主体证明具体损害及个人信息处理者存在过错的难度较大。另外,知情同意规则本身存在结构性问题无法克服、内在悖论无法解决、受害人的认知问题不可避免等缺陷,[①]易沦为个人信息处理者侵权责任的免责事由,信息主体的损害赔偿请求权恐难实现。在此境遇下,相关国家和地区率先适用过错推定责任原则,保障个人信息利用与流通的同时,平衡信息主体与个人信息处理者之间的利益关系,例如韩国《个人信息保护法》第 39 条第 1 款、我国台湾地区"个人资料保护法"第 29 条第 1 款等。我国《个人信息保护法》第 69 条第 1 款亦遵从过错推定责任原则,大大减轻了信息主体的举证责任,信息主体和个人信息处理者之间因实力悬殊导致的诉讼能力差距得以缩减,损害获得赔偿的可能性增大。过错推定责任实行"举证责任倒置",倒逼个人信息处理者依法依规处理个人信息,降低个人信息权益侵权的发生概率,一定程度上弥补了知情同意

---

① 参见吕炳斌:《个人信息保护的"同意"困境及其出路》,载《法商研究》2021 年第 2 期,第 87 页。

规则的内在缺陷。但是，过错推定"仍然以加害人的过错为责任的根据与标准"，①没有过分加重个人信息处理者的举证责任。

在个人信息权益侵权中，基于个人信息的双重属性，损害涵盖财产损失和精神损害，就此学界已达成共识。②为实现损害的完全救济，《个人信息保护法》第 69 条第 1 款中的"损害"应包括财产损失和精神损害，损害赔偿责任理应涵盖财产损失赔偿责任和精神损害赔偿责任，实现一体救济。在"举证责任倒置"的情势下，杨立新教授认为，"如果侵权人不能证明自己对损害的发生没有过错，就从损害事实的本身推定侵权人在致人损害的行为中有过错，并就此承担赔偿责任"③。反之，精神损害和财产损失分开救济的，④信息主体主张精神损害赔偿责任须遵照《民法典》第1183 条第 1 款证明个人信息处理者存在过错。可有时信息主体连个人信息处理者都难以确定，举证责任之重可见一斑，⑤适用过错责任原则显然与全面保护个人信息之宗旨背道而驰。⑥田山辉明教授认为，"从公正的角度来说，需要对举证责任进行事实上的倒置"⑦。因而，适用过错推定责任原则可实现财产损失和精神损害的"一体救济"。从比较法视野来看，多国采用过错推定责

① 王利民、郭明龙：《民事责任归责原则新论——过错推定规则的演进：现代归责原则的发展》，载《法学论坛》2006 年第 6 期，第 63 页。
② 高富平：《个人信息处理：我国个人信息保护法的规范对象》，载《法商研究》2021 年第 2 期，第 73 页。
③ 杨立新：《侵权责任法》，北京大学出版社 2014 年版，第 54 页。
④ 杨立新：《侵害个人信息权益损害赔偿的规则与适用——〈个人信息保护法〉第 69 条的关键词释评》，载《上海政法学院学报（法治论丛）》2022 年第 1 期，第 1 页。
⑤ 阮神裕：《民法典视角下个人信息的侵权法保护——以事实不确定性及其解决为中心》，载《法学家》2020 年第 4 期，第 29 页。
⑥ 彭诚信：《论个人信息的双重法律属性》，载《清华法学》2021 年第 6 期，第 95 页。
⑦ ［日］田山辉明：《日本侵权行为法》，顾祝轩、丁相顺译，北京大学出版社 2011 年版，第 134 页。

任原则,以"一体救济"方式填补信息主体的财产损失和精神损害。欧盟《通用数据保护条例》第 82 条第 3 款规定,"如果数据控制者或者处理者能够证明其在引起损害的期间不应承担责任,则其应该免于承担本条第 2 款规定的责任"①。有学者则认为,该条第 3 款"责任"的表述所包含的范围很广,②包括财产损害赔偿责任和精神损害赔偿责任,统一适用过错推定责任原则。值得注意的是,个人信息处理者违法处理私密信息造成损害的,损害赔偿责任亦应适用过错推定责任原则。主要原因在于:一是《民法典》第 1032 条第 2 款虽将私密信息纳入隐私,但其基本属性是具有可识别性的个人信息,同时受到个人信息权益的保护;二是《个人信息保护法》旨在规制个人信息处理者的个人信息处理活动,违法处理私密信息造成损害的,可以适用该法第 69 条第 1 款的过错推定责任原则。因此,侵害私密信息造成信息主体损害的,应适用《个人信息保护法》第 69 条第 1 款的过错推定责任原则,对私密信息实施"强保护"。

　　基于前文构建的《个人信息保护法》第 44 条至第 50 条与《民法典》第 1037 条的协调适用规则,非个人信息处理者侵害个人信息权益的,不适用《个人信息保护法》第 44 条至第 50 条和《民法典》第 1037 条。并且,《民法典》第 995 条规定的是人格权请求权,主要适用于人格权妨害的情形,非侵害人格权造成损害情形。

---

① GDPR 第 82 条第 2 款规定,"依据本条例,任何进行数据处理的数据控制者应该对其处理数据所造成的损害承担责任。如果其没有遵守本条例的规定或者其行为超出法律规定,则应该对造成的损害承担责任。"

② Cordeiro, A. B. Menezes, "Civil Liability for Processing of Personal Data in the GDPR", *European Data Protection Law Review*(*EDPL*) 5.4(2019):498.

因此，非个人信息处理者侵害个人信息权益造成损害的，应通过《民法典》第 995 条中的"依照本法或其他法律的规定"的引致条款，援引《民法典》第 1165 条第 1 款，适用过错责任原则。主要包括以下两类：一类是雇员（工作人员）与受托人。参照《个人信息保护法》第 21 条和第 59 条，第一类非个人信息处理者通常为个人信息处理者的雇员（工作人员）或接受委托处理个人信息的受托人。程啸认为，"如果是雇员为履行向雇主所负担的义务而进行的数据处理活动，那么该活动就是雇主本身的活动，雇主而非雇员是处理者"[①]。据此，个人信息处理者为用人单位，其工作人员处理个人信息侵害个人信息权益造成损害的，属于执行工作任务致人损害，应由用人单位承担替代责任。个人信息处理者承担损害赔偿责任后，可以向有故意或重大过失的工作人员追偿。此外，程啸教授指出，"真正不属于处理者的主体就是委托处理个人信息中的受托人"[②]。受托人与个人信息处理者（委托人）订立委托合同，受托人按照个人信息处理者自主决定的目的、方式，以个人信息处理者的名义处理个人信息，对个人信息处理者发生法律效力。崔建远教授强调，"合同订立后，受托人在委托的权限内所实施的行为，等同于委托人自己的行为"[③]。故而，受托人按照约定处理个人信息，侵害个人信息权益造成损害的，个人信息处理者承担侵权责任。

　　另一类是因个人或家庭事务处理个人信息的自然人。《个人

① 程啸：《论个人信息共同处理者的民事责任》，载《法学家》2021 年第 6 期，第 19 页。
② 程啸：《论个人信息共同处理者的民事责任》，载《法学家》2021 年第 6 期，第 22 页。
③ 崔建远：《合同法》（第五版），法律出版社 2010 年版，第 507 页。

信息保护法》第 72 条第 1 款规定,因个人或家庭事务处理个人信息的自然人不纳入个人信息处理者范畴。原因在于,自然人因个人或家庭事务处理个人信息,虽体现个人信息权益的"重利用"特性,却不以获取财产利益为主要目的。另外,信息主体与信息处理者皆为一般的自然人,二者实力相当,甚至为同一主体。信息主体举证相对简单,无适用过错推定责任原则的必要。张新宝认为,过错推定"相较于由受害人证明行为人的过错显然更有利于受害人一方",[①]目的在于平衡行为人与受害人的利益。当个人信息处理者与信息主体皆为自然人,乃至为同一自然人时,利益失衡问题不复存在,适用过错责任原则足矣。新加坡 2012 年《个人数据保护法》第 4 条第(1)款(a)项规定,以个人或家庭身份行事的自然人,不承担此法规定的任何义务。韩国、加拿大等国家采取类似做法。我国《个人信息保护法》第 72 条第 1 款亦排除因个人或家庭事务处理个人信息的自然人适用本法。"自然人因个人或家庭事务",[②]处理个人信息造成信息主体个人信息权益损害的,适用《民法典》第 1165 条第 1 款的过错责任原则主张损害赔偿责任权是唯一可行路径。

### 3. 个人信息权益损害赔偿数额计算规则条款的协调适用

本书认为,个人信息权益遭受侵害的,信息主体依《个人信息保护法》第 69 条第 1 款,适用过错推定责任原则,可实现财产损失和精神损害的一体救济。第 69 条第 2 款规定了损害赔偿数额

---

① 张新宝:《侵权责任法》(第五版),中国人民大学出版社 2020 年版,第 17 页。
② 张新宝:《〈中华人民共和国个人信息保护法〉释义》,人民出版社 2021 年版,第 561 页。

的计算方法,包括信息主体受到的损失、个人信息处理者因此获得的利益以及实际情况酌定方式。可通过明确"损害""损失""利益"的内涵,细化损害赔偿数额的具体计算规则。依文义解释和体系解释,第 69 条第 1 款规定的"损害"包括财产损失和精神损害,第 2 款中的"损害赔偿责任"理应涵盖财产损失赔偿责任和精神损害赔偿责任。第 2 款中的"损失"应解释为财产损失,不应包括精神损害。与之相应,第 2 款中的"利益"意指个人信息处理者侵害个人信息权益获得的财产利益,不包括任何的情感利益或精神利益。有学者提出,第 69 条第 2 款中的"损失"可以解释为财产损失和精神损害,精神损害赔偿数额的确定方式与财产损失赔偿一致,[1]确实可以实现损害的一体救济。然而,《个人信息保护法》第 69 条第 2 款中的"损失"是个人信息权益侵权导致的损失,属于财产损失,[2]不宜肆意扩张至精神损害。杨立新教授持相同观点。[3]《个人信息保护法》第 69 条第 2 款中的"损失"和"利益"分别解释为财产损失和财产利益,亦能保持《民法典》侵权责任编[4]与《个人信息保护法》"损失"语义内涵的一致。值得注意的是,《个人信息保护法》第 69 条第 2 款强调个人信息承载的财产利益的保护,并不意味着精神损害不能据此获得救济。过错推定责任原则下,通过明确《个人信息保护法》第 69 条第 2 款的适用

---

① 程啸:《侵害个人信息权益的侵权责任》,载《中国法律评论》2021 年第 5 期,第 69 页。

② 王利明:《民法(下册)》(第八版),中国人民大学出版社 2020 年版,第 532 页。

③ 杨立新:《侵害个人信息权益损害赔偿的规则与适用——〈个人信息保护法〉第 69 条的关键词释评》,载《上海政法学院学报(法治论丛)》2022 年第 1 期,第 1 页。

④《民法典》侵权责任编 1182 条、第 1184 条、第 1186 条和第 1235 条中规定的"损失"均指财产损失。

规则,信息主体的财产损失和精神损害均应得到救济。

　　信息主体仅遭受财产损失的,遵循"填平原则",①由其考量所受损失或个人信息处理者因此获得的利益,自由选择损害赔偿数额;二者皆难以确定的,根据实际情况确定赔偿数额。在 Clapper v. Amnesty International 案②中,法院亦认为,当事人只得对"实际损害"而非"推测损害"提出诉讼请求。如前所述,依《个人信息保护法》第69条第2款,"损害"包括财产损失和精神损害,"损害赔偿责任"包括财产损失赔偿责任和精神损害赔偿责任。有学者认为,由于认定损害手段是多样的,并且认定损害本是复杂的,损害赔偿责任的最终认定存在多种可能。③损害赔偿责任的落实依赖于损害赔偿数额的计算规则——信息主体受到的损失、个人信息处理者因此获得的利益以及实际情况酌定。既然前文限定"损失"为财产损失,则无精神损害赔偿责任得以落地的空间,只能诉诸"利益",即"利益"可以发挥救济财产损失和精神损害的双重功效。信息主体遭受精神损害的,直接按照个人信息处理者获得的利益确定赔偿数额即可。获得的利益难以确定的,根据实际情况确定赔偿数额。至于个人信息权益侵权引发的下游损害,信息主体主张个人信息处理者承担财产损失赔偿责任和精神损害赔偿责任的,④则分别回归《民法典》第1182条和第1183条。其中,

---

① 黄薇:《中华人民共和国民法典侵权责任编释义》,法律出版社2020年版,第76页。

② 568 U.S.398(2013).

③ Knetsch, Jonas, "The Compensation of Non-Pecuniary Loss in GDPR Infringement Cases", *European Journal of Privacy Law & Technologies* (*EJPLT*)(2020):63-70.

④ 谢鸿飞:《个人信息泄露侵权责任构成中的"损害"——兼论风险社会中损害的观念化》,载《国家检察官学院学报》2021年第5期,第21页。

精神损害赔偿须以精神损害的"严重性"为前提,两者在归责原则上统一适用过错责任原则即可。综上,依据《个人信息保护法》第69条,处理个人信息侵害个人信息权益造成损害的归责原则的适用规则可以表述为:个人信息处理者侵害个人信息权益同时造成财产损失和精神损害的,信息主体统一适用过错推定责任原则,据此条款确定损害赔偿的具体数额。相应地,个人信息处理者侵权损害赔偿数额计算规则可以表述为:个人信息处理者侵害个人信息权益造成财产损失的,可以选择前两种计算规则中的任何一种。也即,个人因此受到的损失或者个人信息处理者因此获得的利益;造成精神损害的,只能选择第二种计算规则。两种境遇下,损失和利益或利益难以确定的,根据实际情况确定赔偿数额。

《个人信息保护法》第72条第1款规定:"自然人因个人或者家庭事务处理个人信息的,不适用本法",此处的"自然人"可称之为非个人信息处理者。非个人信息处理者侵害个人信息权益造成财产损失的,信息主体可援引《民法典》第1165条第1款和第179条第1款第8项,适用过错责任原则要求非个人信息处理者赔偿损失。具体到损失赔偿数额的计算,则参照《民法典》第1182条确定。信息主体可自主选择自己因此受到的损失或非个人信息处理者因此获得的利益确定赔偿数额;难以确定的,双方可就赔偿数额进行协商;协商不一致的,请求人民法院根据实际情况确定。结合《最高人民法院关于审理利用信息网络侵害人身权益民事纠纷案件适用法律若干问题的规定》第12条、《最高人民法院关于审理使用人脸识别技术处理个人信息相关民事案件适用法律若干问题的规定》第 8 条第 2 款等规定，个人信息权益侵权中，信息主体遭受的"财产损失"可进一步细化，包括信息主体预防、制止个人信息权益侵权所支付的合理开支以及直接遭受的财产损失。为预防个人信息权益侵权的发生，信息主体因采取预防措施而支付相关费用而侵权仍然发生的，预防费用损失是侵权行为导致的结果，应解释为信息主体遭受的"积极损失"①。预防费用纳入财产损失，可以发挥填平损害之功，"使损害恢复如同损害未发前之原状"②。为方便信息主体及时获得救济，下游损害理应在个人信息权益侵权诉讼中得到一并救济，依据《民法典》第 1182 条、第 1183 条及《关于确定民事侵权精神损害赔偿责任若干问题的解释》第 5 条明确损害赔偿的具体数额。在美国，"有些法院规定了对肉体痛苦和精神折磨赔偿的最高限额"，③如 Fein v. Permanente Medical Group 案④。

值得注意的是，有学者提出革新"损害"的概念，⑤将风险性损害纳入个人信息权益侵权损害赔偿，"于个案中综合考量信息的类型、处理行为的目的方式、信息误用的迹象等因素"⑥判断具体损害，以全面维护信息主体的合法权益。此理念遵循的是侵权

---

① 谢鸿飞：《个人信息泄露侵权责任构成中的"损害"——兼论风险社会中损害的观念化》，载《国家检察官学院学报》2021 年第 5 期，第 21 页。

② 邹海林、朱广新：《民法典评注：侵权责任编》，中国法制出版社 2020 年版，第 200 页。

③ 文森特·R. 约翰逊：《美国侵权法》，赵秀文译，中国人民大学出版社 2004 年版，第 61 页。

④ 695 P.2d 665(Cal.), appeal dismissed, 474 U.S.892(1985)(SATL 225).

⑤ 谢鸿飞：《个人信息泄露侵权责任构成中的"损害"——兼论风险社会中损害的观念化》，载《国家检察官学院学报》2021 年第 5 期，第 21 页。

⑥ 田野：《风险作为损害：大数据时代侵权"损害"概念的革新》，载《政治与法律》2021 年第 10 期，第 25 页。

责任法上的"完全赔偿原则"。①曾世雄教授认为,"发生于特定赔偿权利人之损害有多大,亦即赔偿义务人须对特定赔偿权利人之何种损害负赔偿责任。"②损害赔偿范围包括所受损害与所失利益,风险性损害(预期损害)应当属于所受损害。③然而,风险性损害本身存在不确定性,且风险性损害不一定表现为实质性损害,若纳入损害赔偿范畴,"受害人"或因假设的风险引发的"损害"获利,反而有违侵权责任法的救济本质。侵害个人信息权益引发的风险性损害在本质上确实属于所受损害,但如果这种损害未来没有产生,信息主体可能因此获利,有失公允。不过,应允许例外情形的存在,如风险性损害发生的可能性较大——一个普通的"理性人"可以预见,或信息主体可以举证予以充分证明。

### 三、我国数据保护规则的具体构建

前已述及,根据"数据二十条"规定,个人数据、企业数据以及公共数据分别承载着个人的人格利益与财产利益、企业的财产利益以及社会的公共利益。受制于不同数据所承载的不同利益,不同数据的法律保护亦展现出迥然相异的价值取向。其中,个人数据保护规则意在平衡数据主体合法权益的保护与个人数据的合理使用,企业数据保护规则则以保障数据处理者的自主管控权益为主要目标,公共数据保护规则着眼于保障公共数据供给使用的公共利益。以个人数据、企业数据以及公共数据保护截然不同的

① 最高人民法院民法典贯彻实施工作领导小组:《中华人民共和国民法典侵权责任编理解与适用》,人民法院出版社 2020 年版,第 164－172 页。

②③ 曾世雄:《损害赔偿法原理》,中国政法大学出版社 2001 年版,第 155 页。

价值取向为遵循,不同数据保护规则的构建方能回应数据保护的现实困境,切中数据保护的社会需求,从而平衡与兼顾数据主体、数据处理者的利益。

### 1. 数据产权制度:以数据产权的结构性分置为基础

"数据二十条"第二章明确规定,"建立保障权益、合规使用的数据产权制度"。第 3 条至第 7 条围绕数据产权制度的构建而展开,具体包括:推进实施公共数据确权授权机制、推动建立企业数据确权授权机制、建立健全个人信息数据确权授权机制、建立健全数据要素各参与方合法权益保护制度等。然而,"数据二十条"第二章关于建立数据产权制度的规定着眼于政策性指引,并未阐述数据产权制度的具体构建。以此为背景,我国学界就数据产权制度的构建展开广泛讨论。[①]部分学者指出,"整体推进数据产权保护制度的建设,应以耦合协调为原则,降低制度安排之间的结构性矛盾,保持制度安排之间作用的一致性,最大限度地发挥制度结构的整体功能";[②]亦有部分学者指出,应"通过发挥司法保护功能实现产权平等保护的结构性调整,使产权平等保护由政策导向转向市场导向,由权力强制转向权利平等,由差异保护转向平等保护,由兜底规则转向具体规则"[③]。在阐释数据产权的构

---

① 参见冯晓青:《大数据时代企业数据的财产权保护与制度构建》,载《当代法学》2022 年第 6 期,第 104 页;赵鑫:《我国数据要素市场培育的法律难题及其化解方案》,载《学术交流》2022 年第 3 期,第 46 页;孔祥俊:《商业数据权:数字时代的新型工业产权——工业产权的归入与权属界定三原则》,载《比较法研究》2022 年第 1 期,第 83 页。

② 魏益华、杨璐维:《数据要素市场化配置的产权制度之理论思考》,载《经济体制改革》2022 年第 3 期,第 46 页。

③ 许娟、秦登峰:《大数据挖掘技术下的企业产权平等保护》,载《江西社会科学》2020 年第 10 期,第 153 页。

建过程中,上述学者均不约而同地提及数据产权的结构性分置。如何理解数据产权的结构性是数据产权制度构建的首要问题。下文将以数据产权的结构性分置特征为基础,深入阐述数据产权制度的具体构建。

冯晓青教授指出,数据"作为大数据时代的新型财产,具有不同于传统生产要素的结构性特征,导致其无法被纳入既有权利体系与法律制度"①。数据产权的结构性特征来源于数据所承载的结构性利益。根据"数据二十条"第 4 至第 6 条的规定,个人数据保护规则意在"保障使用个人信息数据时的信息安全和个人隐私",企业数据保护规则则着眼于"市场主体享有依法依规持有、使用、获取收益的权益,保障其投入的劳动和其他要素贡献获得合理回报",公共数据保护规则的构建应着重"保障公共数据供给使用的公共利益。""面对多元化和冲突化的各种利益,法律是在无限需求和有限资源之间寻求平衡的最佳机制,通过立法利益衡量实现对不同利益上下位阶的合理安排。"②

数据所承载利益的结构性早在欧盟《通用数据保护条例》中便有体现。欧盟《通用数据保护条例》序言第 4 条即规定,"个人数据保护权不属于绝对权利,应结合其社会功能考虑并根据比例原则与其他基本权利相平衡。"回溯我国数据保护的规定,《数据安全法》第 8 条规定,"开展数据处理活动,应当遵守法律、法规,尊重社会公德和伦理,遵守商业道德和职业道德,诚实守信,履行

---

① 冯晓青:《大数据时代企业数据的财产权保护与制度构建》,载《当代法学》2022 年第 6 期,第 108 页。
② 张新宝:《从隐私到个人信息:利益再衡量的理论与制度安排》,载《中国法学》2015 年第 3 期,第 45 页。

数据安全保护义务,承担社会责任,不得危害国家安全、公共利益,不得损害个人、组织的合法权益"。为保障个人、组织的合法权益以及国家利益与公共利益,应就数据产权制度作如下设计:数据主体就不涉及企业与社会利益的个人数据享有相对的财产权;作为数据处理者的企业对其在生产经营中收集、持有的企业数据享有持有权、使用权、经营权等权利;至于公共数据,在保护个人隐私和确保公共安全的前提下,可作为公共资源进行处理利用。

**2.数据要素流通和交易制度:以数据流通的全流程监管为引导**

前已明确不同主体就数据所享有的不同权益。以此为前提,如何实现数据价值的最大化乃当务之急。有学者指出,"以价值实现方式为考察基准,数据的价值实现依靠流通"[①]。可见,数据价值的彰显与实现以数据的流通、交易为依托。早在 2021 年发布的《数据安全法》中即涉及数据流通、交易的监管。《数据安全法》第 19 条与第 33 条分别规定,"国家建立健全数据交易管理制度,规范数据交易行为,培育数据交易市场","从事数据交易中介服务的机构提供服务,应当要求数据提供方说明数据来源,审核交易双方的身份,并留存审核、交易记录"。据此,我国数据流通、交易过程中国家与企业的监管责任得以初步构建。随后发布的"数据二十条"第三部分围绕我国的数据流通规则展开,指出应"完善和规范数据流通规则,构建促进使用和流通、场内场外相结

---

① 高郦梅:《企业公开数据的法律保护:模式选择与实现路径》,载《中国政法大学学报》2021 年第 3 期,第 143 页。

合的交易制度体系,规范引导场外交易,培育壮大场内交易;有序发展数据跨境流通和交易,建立数据来源可确认、使用范围可界定、流通过程可追溯、安全风险可防范的数据可信流通体系"。然而,我国学界"对于数据流通层面的权利构建方面的研究明显不足,严重制约数据产业健康发展和数据资源的优化配置"[1]。为实现数据的高效流通并兼顾数据主体、数据处理者与社会公众等主体间的多方利益,建立合法、合理的数据要素流通、交易制度实属必要。

"当前数据法律规范体系正处在理论构建阶段,数据法律规范严重滞后于数据产业的发展。"[2]其中,数据要素的流通交易规则首当其冲。"现有司法实践虽对保障企业数据权益、推动公共数据流通进行了有限的探索,但还应进一步结合数据的特点与效益,充分保障数据控制者的合法权益,促进数据健康有序流动。"[3]如本书第四章所述,动态性是数据流通、交易的重要特征。在"刘某与中国移动通信集团湖南有限公司长沙分公司侵权责任纠纷上诉案"[4]中,法院即认为,"中国移动通信集团湖南有限公司长沙分公司通过对无线电频谱资源进行开发、利用,向电信用户传输以字节为单位的网络数据,网络数据经资源转换,以动态方式存在"。可见,对动态性的把握是构建数据要素流通、交易规则的关隘。在此基础上,"数据二十条"第 8 条规定,"建立数据流

---

[1] 龙卫球:《数据新型财产权构建及其体系研究》,载《政法论坛(中国政法大学学报)》2017年第 4 期,第 63 页。

[2] 金耀:《数据治理法律路径的反思与转进》,载《法律科学(西北政法大学学报)》2020 年第2 期,第 79 页。

[3] 仲春、王政宇:《数据不正当竞争纠纷的司法实践与反思》,载《北京航空航天大学学报(社会科学版)》2022 年第 1 期,第 22 页。

[4] 湖南省长沙市中级人民法院(2014)长中民一终字第 02340 号民事判决书。

通准入标准规则,强化市场主体数据全流程合规治理,确保流通数据来源合法、隐私保护到位、流通和交易规范"。以数据流通的全流程监管为引导构建数据要素流通和交易制度已成为我国立法的应然命题。依据数据流通的不同阶段,可将数据的流通交易流程分为以下阶段:数据进入流通前,数据流通过程中以及数据退出流通。三者不可偏废,各有侧重。在数据进入流通前,应关注数据流通准入标准规则的建立,以确保数据来源的合法性,从而规范数据交易市场;在数据流通过程中,应着眼于不同数据的分类授权制度的构建,针对不同类型的数据,结合处理目的、处理范围、处理期限等要素,建立数据分类分级授权使用规范;在数据退出流通后,应重点关注数据处理者是否已就数据进行删除、匿名化处理等,为数据的下一次流通保驾护航。

### 3. 数据要素收益分配制度:以数据收益的价值贡献为依据

在明确数据产权、数据交易流通规则的基础上,数据要素收益分配问题随之而来。党的十九届四中全会首次将数据要素纳入收入分配序列,并确立了"建立健全由市场评价贡献、贡献决定报酬的机制"的任务。作为"与土地、劳动、资本、技术等撬动农业经济、工业经济的生产要素并列的、支撑数字经济发展的核心生产要素",[①]数据要素的收益分配不仅关乎企业的经济效益,更是实现社会公平和资源配置结构优化升级的重要内容。在此基础上,"数据二十条"第四章关于"建立体现效率、促进公平的数据要

---

① 杨铭鑫、王建冬、窦悦:《数字经济背景下数据要素参与收入分配的制度进路研究》,载《电子政务》2022年第2期,第31页。

素收益分配制度"的规定中指出,应"顺应数字产业化、产业数字化发展趋势,充分发挥市场在资源配置中的决定性作用,更好发挥政府作用。完善数据要素市场化配置机制,扩大数据要素市场化配置范围和按价值贡献参与分配渠道"。受制于数据承载的多方利益以及数据处理过程中参与的多方主体,目前我国数据要素收益分配面临着"各类数据要素权属制度滞后,导致收益权利边界泛化","数据要素价格机制尚未形成,数据要素分配有失公平","数字经济收益分配在不同区域和群体间有结构性失衡"等问题。①为解决上述矛盾,平衡数据要素收益分配过程中的多方利益,有学者提出,应"推进市场与政府协调互补,建立科学的数据要素贡献评价机制、明确数据'二元主体'共有,兼顾多方主体的分配利益、基于'分级分类',构建数据安全'多元共治'体系"②。其中,数据要素贡献评价机制已为"数据二十条"所承认,是解决数据要素收益分配问题的不二法门。

2020 年 4 月,中共中央、国务院发布的《关于构建更加完善的要素市场化配置体制机制的意见》提出的由市场评价贡献、按贡献决定报酬的机制,是"建设数据交易市场的重要课题,对提升数据资源价值、提高资源配置效率、完善要素市场分配理论具有重要意义"③。何为数据要素贡献评价机制? 顾名思义,是指通过对贡

---

① 杨铭鑫、王建冬、窦悦:《数字经济背景下数据要素参与收入分配的制度进路研究》,载《电子政务》2022 年第 2 期,第 32 页。
② 崔平、彭鸽:《数据要素参与分配:价值、困境与路径》,载《上海经济研究》2022 年第 6 期,第 27 页。
③ 欧阳日辉、龚伟:《基于价值和市场评价贡献的数据要素定价机制》,载《改革》2022 年第 3 期,第 39 页。

献的衡量,判断数据要素的收益分配,是按生产要素分配机制。①在此基础上,"数据二十条"第 12 条就数据要素收益分配制度作出了进一步阐述,规定"按照'谁投入、谁贡献、谁受益'原则,着重保护数据要素各参与方的投入产出收益,依法依规维护数据资源资产权益,探索个人、企业、公共数据分享价值收益的方式"。结合不同数据的属性特征,可就数据要素收益分配制度的构建作如下构想:一是个人数据因其直接来源于数据主体,与数据主体的人格利益、财产利益密切相关,且无须其他主体的辅助即可生成。故在个人数据流通处理过程中所产生的收益理应由数据主体享有,其他主体无权参与分配。二是企业数据可分为如下两类进行讨论:牵涉个人数据的企业数据与同个人数据无关的、直接产生于生产经营过程中的企业数据。前者之上由于数据主体与数据处理者的利益存在交叉,应由法官自由裁量;后者因与个人数据无涉,其收益应由作为数据处理者的企业享有。三是公共数据作为社会公共资源,流通处理并无严格限制,其收益应由对其进行加工处理的数据处理者享有。值得注意的是,在数据的流通过程中,存在收集、加工、传输等多个环节。在具体环节数据要素价值贡献的分析上,亦可以数据收益的价值贡献为依据进行判断。

---

① 参见国家发展改革委宏观经济研究院课题组、刘翔峰:《健全要素由市场评价贡献、按贡献决定报酬机制研究》,载《宏观经济研究》2021 年第 9 期,第 6 页。

# 参考文献

**专著类:**

[ 1 ] 佟柔:《中国民法学·民法总则》,中国人民公安大学出版社 1993
    年版;

[ 2 ] 王利明:《人格权法研究》(第三版),中国人民大学出版社 2018 年版;

[ 3 ] 黄薇主编:《中华人民共和国民法典侵权责任编释义》,法律出版社
    2020 年版;

[ 4 ] 王泽鉴:《民法概要》,北京大学出版社 2009 年版;

[ 5 ] 洪海林:《个人信息的民法保护研究》,法律出版社 2010 年版;

[ 6 ] 刘金瑞:《个人信息与权利配置——个人信息自决权的反思和出路》,
    法律出版社 2017 年版;

[ 7 ] 高富平:《信息财产:数字内容产业的法律基础》,法律出版社 2009
    年版;

[ 8 ] 孔令杰:《个人资料隐私的法律保护》,武汉大学出版社 2009 年版;

[ 9 ] 谢永志:《个人数据保护法立法研究》,人民法院出版社 2013 年版;

[10] 齐爱民:《信息法原论》,武汉大学出版社 2010 年版;

[11] 齐爱民主编:《个人资料保护法原理及其跨国流通法律问题研究》,武
    汉大学出版社 2004 年版;

[12] [德]哈特穆特·毛雷尔:《行政法学总论》,高家伟译,法律出版社
    2000 年版;

**期刊类：**

[ 1 ] 王利明：《论个人信息权的法律保护——以个人信息权与隐私权的界分为中心》，载《现代法学》2013 年第 4 期；

[ 2 ] 张新宝：《从隐私到个人信息：利益再衡量的理论与制度安排》，载《中国法学》2015 年第 3 期；

[ 3 ] 王利明：《论个人信息权在人格权法中的地位》，载《苏州大学学报（哲学社会科学版）》2012 年第 6 期；

[ 4 ] 齐爱民：《个人信息保护法研究》，载《河北法学》2008 年第 4 期；

[ 5 ] 刘德良：《个人信息的财产权保护》，载《法学研究》2007 年第 3 期；

[ 6 ] 范为：《大数据时代个人信息保护的路径重构》，载《环球法律评论》2016 年第 5 期；

[ 7 ] 齐爱民：《论个人信息的法律保护》，载《苏州大学学报》2005 年第 2 期；

[ 8 ] 梅夏英：《数据的法律属性及其民法定位》，载《中国社会科学》2016 年第 9 期；

[ 9 ] 程啸：《论大数据时代的个人数据权利》，载《中国社会科学》2018 年第 3 期；

[10] 龙卫球：《数据新型财产权构建及其体系研究》，载《政法论坛》2017 年第 4 期；

[11] 高富平：《个人信息保护：从个人控制到社会控制》，载《法学研究》2018 年第 3 期；

[12] 杨立新：《个人信息：法益抑或民事权利——对〈民法总则〉第 111 条规定的"个人信息"之解读》，载《法学论坛》2018 年第 1 期；

[13] 齐爱民、盘佳：《数据权、数据主权的确立与大数据保护的基本原则》，载《苏州大学学报（哲学社会科学版）》2015 年第 1 期；

[14] 杨芳：《个人信息自决权理论及其检讨——兼论个人信息保护法之保护客体》，载《比较法研究》2015 年第 6 期；

[15] 齐爱民、李仪：《论利益平衡视野下的个人信息权制度——在人格利益与信息自由之间》，载《法学评论》2011 年第 3 期；

[16] 王利明：《论人格权商品化》，载《法律科学（西北政法大学学报）》2013 年第 4 期；

[17] 谢青：《日本的个人信息保护法制及启示》，载《政治与法律》2006 年第

6 期；

[18] 石佳友：《网络环境下的个人信息保护立法》，载《苏州大学学报（哲学社会科学版）》2012 年第 6 期；

[19] 叶名怡：《论个人信息权的基本范畴》，载《清华法学》2018 年第 5 期；

[20] 任龙龙：《论同意不是个人信息处理的正当性基础》，载《政治与法律》2016 年第 1 期；

[21] 李爱君：《数据权利属性与法律特征》，载《东方法学》2018 年第 3 期；

[22] 胡文涛：《我国个人敏感信息界定之构想》，载《中国法学》2018 年第 5 期；

[23] 张平：《大数据时代个人信息保护的立法选择》，载《北京大学学报（哲学社会科学版）》2017 年第 3 期；

[24] 周健：《美国〈隐私权法〉与公民个人信息保护》，载《情报科学》2001 年第 6 期；

[25] 程啸：《民法典编纂视野下的个人信息保护》，载《中国法学》2019 年第 4 期；

[26] 高富平：《个人信息使用的合法性基础——数据上利益分析视角》，载《比较法研究》2019 第 2 期；

[27] 高富平：《论个人信息保护的目的——以个人信息保护法益区分为核心》，载《法商研究》2019 年第 1 期；

[28] 田野：《大数据时代知情同意原则的困境与出路——以生物资料库的个人信息保护为例》，载《法制与社会发展》2018 第 6 期；

[29] 齐爱民：《个人信息开发利用与人格权保护之衡平——论我国个人信息保护法的宗旨》，载《社会科学家》2007 年第 2 期；

[30] 李延舜：《个人信息权保护的法经济学分析及其限制》，载《法学论坛》2015 第 3 期；

[31] 张新宝：《个人信息收集：告知同意原则适用的限制》，载《比较法研究》2019 第 6 期；

[32] 郭明龙：《论个人信息之商品化》，载《法学论坛》2012 年第 6 期；

[33] 洪海林：《个人信息财产化及其法律规制研究》，载《四川大学学报（哲学社会科学版）》2006 年第 5 期；

[34] 谢琳：《大数据时代个人信息使用的合法利益豁免》，载《政法论坛》

2019 第 1 期；

[35] 周汉华：《个人信息保护的法律定位》，载《法商研究》2020 年第 3 期；

[36] 李伟民：《"个人信息权"性质之辨与立法模式研究——以互联网新型权利为视角》，载《上海师范大学学报（哲学社会科学版）》2018 年第 3 期；

[37] 杨显滨、麻晋源：《个人信息的民事法律保护与限度》，载《江海学刊》2021 年第 4 期；

[38] 程啸：《论我国民法典中的个人信息合理使用制度》，载《中外法学》2020 年第 4 期；

[39] 范为：《大数据时代个人信息保护的路径重构》，载《环球法律评论》2016 年第 5 期；

[40] 卢震豪：《我国〈民法典〉个人信息合理使用的情形清单与评估清单——以"抖音案"为例》，载《政治与法律》2020 年第 11 期；

[41] 刘士国：《信息控制权法理与我国个人信息保护立法》，载《政法论丛》2021 年第 3 期；

[42] 张红于：《〈民法典（人格权编）〉之合理使用制度》，载《学习与实践》2020 年第 12 期；

[43] 刘权于：《论个人信息处理的合法、正当、必要原则》，载《法学家》2021 年第 5 期；

[44] 仲春、王政宇：《数据不正当竞争纠纷的司法实践与反思》，载《北京航空航天大学学报（社会科学版）》2022 年第 1 期；

[45] 冯晓青：《大数据时代企业数据的财产权保护与制度构建》，载《当代法学》2022 年第 6 期；

[46] 许娟、秦登峰：《大数据挖掘技术下的企业产权平等保护》，载《江西社会科学》2020 年第 10 期；

[47] 孔祥俊：《商业数据权：数字时代的新型工业产权——工业产权的归入与权属界定三原则》，载《比较法研究》2022 年第 1 期；

[48] 赵鑫：《我国数据要素市场培育的法律难题及其化解方案》，载《学术交流》2022 年第 3 期；

[49] 田野：《风险作为损害：大数据时代侵权"损害"概念的革新》，载《政治与法律》2021 年第 10 期；

[50] 谢鸿飞:《个人信息泄露侵权责任构成中的"损害"——兼论风险社会中损害的观念化》,载《国家检察官学院学报》2021年第5期;

[51] 杨立新:《侵害个人信息权益损害赔偿的规则与适用——〈个人信息保护法〉第69条的关键词释评》,载《上海政法学院学报(法治论丛)》2022年第1期;

[52] 王利明:《论个人信息删除权》,载《东方法学》2022年第1期;

[53] 王利明:《民法典人格权编中动态系统论的采纳与运用》,载《法学家》2020年第4期;

[54] 王利明:《〈民法典〉人格权编的立法亮点、特色与适用》,载《法律适用》2020年第17期;

[55] 胡学军:《民法典"动态系统论"对传统民事裁判方法的冲击》,载《法学》2021年第10期;

[56] 蔡星月:《数据主体的"弱同意"及其规范结构》,载《比较法研究》2019年第4期;

[57] 任龙龙:《论同意不是个人信息处理的正当性基础》,载《政治与法律》2016年第1期;

[58] 王洪亮、李依怡:《个人信息处理中"同意规则"的法教义学构造》,载《江苏社会科学》2022年第3期;

[59] 王琳琳:《个人信息处理"同意"行为解析及规则完善》,载《南京社会科学》2022年第2期;

[60] 参见丁晓强:《个人数据保护中同意规则的"扬"与"抑"——卡-梅框架视域下的规则配置研究》,载《法学评论》2020年第4期;

[61] 张新宝:《论个人信息权益的构造》,载《中外法学》2021年第5期;

[62] 赵精武:《"元宇宙"安全风险的法律规制路径:从假想式规制到过程风险预防》,载《上海大学学报(社会科学版)》2022年第5期;

[63] 廖丽环:《个人信息处理中同意规则弱化适用的路径优化——基于情境脉络完整性理论的场景细分》,载《法制与社会发展》2022年第6期;

[64] 王勇旗:《公共数据法律内涵及其规范应用路径》,载《数字图书馆论坛》2019年第8期;

[65] 吕廷君:《政府数据开放的法治思维》,载《理论探索》2017年第4期;

[66] 胡凌:《论地方立法中公共数据开放的法律性质》,载《地方立法研究》

2019 年第 3 期；

[67] 宋烁：《构建以授权运营为主渠道的公共数据开放利用机制》，载《法律科学（西北政法大学学报）》2023 年第 1 期；

[68] 黄如花、刘龙：《英国政府数据开放中的个人隐私保护研究》，载《图书馆建设》2016 年第 12 期；

[69] 武亚飞：《大数据时代公共数据开放立法研究》，载《科技与法律》2022 年第 6 期；

[70] 龙卫球：《数据新型财产权构建及其体系研究》，载《政法论坛》2017 年第 4 期；

[71] 徐实：《企业数据保护的知识产权路径及其突破》，载《东方法学》2018 年第 5 期；

[72] 陈景辉：《隐私的价值独特性：个人信息为何应受保护》，载《环球法律评论》2022 年第 1 期；

[73] 魏书音：《GDPR 对我国数字经济企业的影响及建议》，载《网络空间安全》2018 年第 8 期；

[74] 许浩明、陈福：《数据的四重性及其保护体系研究》，载《江西社会科学》2022 年第 12 期；

[75] 彭诚信：《论个人信息的双重法律属性》，载《清华法学》2021 年第 6 期；

[76] 王利明、丁晓东：《论〈个人信息保护法〉的亮点、特色与适用》，载《法学家》2021 年第 6 期；

[77] 杨显滨：《网络平台个人信息处理格式条款的效力认定》，载《政治与法律》2021 年第 4 期；

[78] 王利明：《敏感个人信息保护的基本问题——以〈民法典〉和〈个人信息保护法〉的解释为背景》，载《当代法学》2022 年第 1 期；

[79] 陈永生：《论刑事诉讼中控方举证责任之例外》，载《政法论坛》2021 年第 5 期；

[80] 郑晓剑：《论〈个人信息保护法〉与〈民法典〉之关系定位及规范协调》，载《苏州大学学报（法学版）》2021 年第 4 期；

[81] 郭明瑞：《论侵权请求权》，载《烟台大学学报（哲学社会科学版）》2013 年第 3 期；

[82] 汪全胜：《"特别法"与"一般法"之关系及适用问题探讨》，载《法律科学

（西北政法大学学报）》2006 年第 6 期；

[83] 梁泽宇：《个人信息保护中目的限制原则的解释与适用》，载《比较法研究》2018 年第 5 期；

[84] 万方：《个人信息处理中的"同意"与"同意撤回"》，载《中国法学》2021 年第 1 期；

[85] 袁建刚：《法经济学视野中的侵权法——风险预防的视角》，载《现代法学》2021 年第 5 期；

[86] 王怀勇、常宇豪：《个人信息保护的理论嬗变与制度变革》，载《法制与社会发展》2020 年第 6 期；

[87] 陈兵、顾丹丹：《数字经济下数据共享理路的反思与再造——以数据类型化考察为视角》，载《上海财经大学学报》2020 年第 2 期；

[88] 陈兵、马贤茹：《数据要素权益配置类型化研究》，载《科技与法律（中英文）》2022 年第 1 期，第 8 页；

[89] 李涛：《政府数据开放与公共数据治理：立法范畴、问题辨识和法治路径》，载《法学论坛》2022 年第 5 期；

[90] 龚鹏程：《权利客体视角下的数据确权路径》，载《南京社会科学》2022 年第 10 期；

[91] 刘明辉、张尼、张云勇、胡坤、宫雪、曲大林：《云环境下的敏感数据保护技术研究》，载《电信科学》2014 年 11 期；

[92] 吴超：《从原材料到资产——数据资产化的挑战和思考》，载《中国科学院院刊》2018 年第 8 期；

[93] 姬蕾蕾：《企业数据保护的司法困境与破局之维：类型化确权之路》，载《法学论坛》2022 年第 3 期；

[94] 楼何超《数据产权的概念、规制作用及对策建议》，载《企业经济》2022 年第 11 期；

[95] 楼何超《数据产权的概念、规制作用及对策建议》，载《企业经济》2022 年第 11 期；

[96] 彭诚信：《数据利用的根本矛盾何以消解——基于隐私、信息与数据的法理厘清》，载《探索与争鸣》2020 年第 2 期；

[97] 管洪博：《大数据时代企业数据权的构建》，载《社会科学战线》2019 年第 12 期；

［98］温世扬、刘昶:《肖像权的特质与规则表达》,载《上海政法学院学报（法治论丛）》2021年第4期;

［99］温世扬:《标表型人格权的制度价值与规范构造》,载《法律科学》2021年第6期;

［100］祝建军:《人格标识商业化利用的法律规制》,载《法律适用》2009年第6期;

［101］夏庆锋:《网络空间个人信息保护的通知义务完善与动态匿名化》,载《江汉论坛》2022年第3期;

［102］程德理、赵丽丽:《个人信息保护中的"识别"要素研究》,载《河北法学》2020年第9期;

［103］王秀哲:《"隐"与"私"流变中的信息隐私权》,载《河北法学》2022年第11期;

［104］高志宏:《隐私、个人信息、数据三元分治的法理逻辑与优化路径》,载《法制与社会发展》2022年第2期;

［105］Steven H. Hazel, Personal Data as Property, Syracuse Law Review, Vol. 70(2020).

［106］Pamela Samuelson, Privacy as Intellectual Property? Stanford Law Review, Vol.52, No.5(2000).

［107］James Q. Whitman, The Two Western Cultures of Privacy: Dignity versus Liberty, The Yale Law Journal, Vol.113, No.6(2004).

［108］Paul M. Schwartz, Property, Privacy, and Personal Data, Harvard Law Review, Vol.117, No.7(2004).

［109］Lior Jacob Strahilevitz, A Social Network Theory of Privacy, The University of Chicago Law Review, Vol.72, Iss.3(2005).

［110］Laurel J. Harbour, Ian D. MacDonald & Eleni Gill, Protection of Personal Data: The United Kingdom Perspective, Defense Counsel Journal Vol.70(2003).

［111］Daniel J. Solove & Paul M. Schwartz, Information Privacy Law, Third Edition, Wolters Kluwer, 2009.

［112］Shawn A. Johnson, A Law and Economics Approach to Privacy Policy Misstatements: Considering the Need for a Cost-Benefits Analysis in the FTC's

Deception Framework. Columbia Science and Technology Law Review, Vol.18, No.1(2016).

[113] A.I. Gretchenko, I.V. Gorokhova, O.G. Demenko & A.A. Gretchenko, Digital Economy, Challenges and Threats for Modern Russia, Journal of Advanced Research in Law and Economics, Vol.9, No.4(2018).

[114] Digital Economy Report 2019, United Nations Conference on Trade and Development, https://unctad. org/webflyer/digital-economy-report-2019, last visit on Aug.14, 2022.

[115] Rumana Bukht & Richard Heeks, Defining, Conceptualising and Measuring the Digital Economy. Development Informatics Working Paper 68(2017).

[116] G20 Digital Economy Development and Cooperation Initiative, http://www.g20.utoronto.ca/2016/g20-digital-economy-development-and-cooperation.pdf, last visit on Aug.14, 2022.

[117] Samuel Warren & Louis Brandeis, The Right to Privacy, Harvard Law Review Vol.4, No.5(1890).

[118] Alan F. Westin, Privacy and Freedom, Washington and Lee Law Review, Vol.25, No.1(1968).

[119] Milton R Konvitz, Privacy and the Law: A Philosophical Prelude, Law and Contemporary Problems Vol.31, No.2(1966).

[120] Ari Ezra Waldman, Privacy, Notice, and Design, Stanford Technology Law Review, Vol.21(2018).

[121] Helen Nissenbaum, Privacy as Contextual Integrity, Washington Law Review, Vol.79(2004).

[122] Fred H. Cate, Privacy in the Information Age, Brookings Institution Press, 1997.

[123] Helen Nissenbaum, Privacy in Context: Technology, Policy, and the Integrity of Social Life, Stanford University Press, 2009.

[124] Michael Herrmann, Mireille Hildebrandt, Laura Tielemans & Claudia Diaz, Privacy in Location-Based Services: An Interdisciplinary Approach, SCRIPTed, Vol.13, Iss.2(2016).

[125] Sarah Eskens, The Personal Information Sphere: An Integral Approach to

Privacy and Related Information and Communication Rights, Journal of the Association for Information Science and Technology Vol. 71, No. 9 (2020).

[126] David Kappos & Asa Kling, Ground-Level Pressing Issues at the Intersection of AI and IP, Columbia Science and Technology Law Review, Vol. 22, No.2(2021).

[127] Jane Yakowitz, Tragedy of the Data Commons, Harvard Journal of Law & Technology, Vol.25, No.1(2011).

[128] Samuel Warren & Louis Brandeis, The Right to Privacy, Harvard Law Review, Vol.4(1890).

[129] Scott Denson, Florida's Constitutional Shield: An Express Right to be Let Alone by Government and the Private Sector, Florida State University Law Review, Vol.20(1993).

[130] Lisa Austin, Privacy and the Question of Technology, Law and Philosophy, Vol.22, No.2(2003).

[131] Daniel J. Solove, Privacy and Power: Computer Databases and Metaphors for Information Privacy, Stanford Law Review, Vol.53(2001).

[132] Chuks Okpaluba, Constitutional Damages and Proof of Damage: Recent Contributions of the Privy Council, Tydskrif vir Hedendaagse Romeins-Hollandse Reg(Journal for Contemporary Roman-DutchLaw), Vol. 74, No.4(2011).

[133] Bart van der Sloot, Is Tax Data Sensitive Data, European Data Protection Law Review, Vol.2, No.2(2016).

[134] Brian J. Serr, Great Expectations of Privacy: A New Model for Fourth Amendment Protection, Minnesota Law Review, Vol.73(1988).

[135] Benjamin Charkow, The Control over the De-Identification of Data, Cardozo Arts & Entertainment Law Journal, Vol.21, No.1(2003).

[136] Anna Aurora Wennakoski, Company Data Protection-Friend or Foe? International In-House Counsel Journal, Vol.8, No.32(2015).

[137] Simon Chesterman, After Privacy: The Rise of Facebook, the Fall of WikiLeaks, and Singapore's Personal Data Protection Act, Singapore

Journal of Legal Studies(2012).

[138] Alan F. Westin, Privacy and freedom, Atheneum New York, 1967.

[139] Arta Dauti, Compensation for Immaterial (Moral) Damage due to Violation of Personality Rights in Kosovo, Acta Universitatis Danubius Juridica, Vol.2017, No.3(2017).

[140] Craig D Tindall, Argus Rules: The Commercialization of Personal Information, University of Illinois Journal of Law, Technology & Policy, Vol. 2003, No.1(2003).

[141] Jerry Kang, Information Privacy in Cyberspace Transactions, Stanford Law Review, Vol.50(1997).

[142] Bart van der Sloot, Is Tax Data Sensitive Data, European Data Protection Law Review, Vol.2, No.2(2016).

[143] Chuks Okpaluba, Constitutional Damages and Proof of Damage: Recent Contributions of the Privy Council, Tydskrif vir Hedendaagse Romeins-Hollandse Reg(Journal for Contemporary Roman-DutchLaw), Vol.74, No.4(2011).

# 后　记

　　隐私、个人信息以及数据保护发端于私法制度，同时又受制于私法制度。本书正立足于民法视角，从平等关系与私益保护入手，较为系统地阐述了隐私、个人信息及数据保护的现实困境与理论窒碍，强调权利主体的个体自决与自我规制，故关于政府管制、公共监管等公法保护问题鲜有涉及。然而，受信息产业、数字经济发展与进步的影响，仅依靠民法保护隐私、个人信息及数据已显露出力不从心的趋势。同时，受制于公私法划分这一人为拟制的滞后性，隐私、个人信息与数据保护"在理论、立法和司法上始终在公法和私法、基本权利和个人私权……之间游移，其中充斥着大量似是而非、模棱两可的观点与论述"。纵观学界现有观点，私法保护抑或是公法保护皆物议沸腾。可以肯定的是，"以隐私权利及财产权等私权来作为对个人数据信息进行保护和利用的依据，将无法对个人数据信息的使用方式、目的和效果产生有效的规制，私权制度在大数据技术下正逐步失去作用，这是社会组织进步造成的结果"。正如王锡锌教授认为，信息之保护应包括宪法维度、民法维度与行政法维度三个维度。其中，以行政法为依托而构建起的公共监管与执行机制应为个人信息与数据保护的关键组成部分，不可偏废。如前所述，个人信息与数据保护正面临由静态、单一保护模式向动态、复合保护模式转变的阶段。动态、复合保护模式的具体落实须厘清诸多部门法、执法手段之间的关系，构建一套基础稳固、内容完善、结构合理的保护体系。完全仰赖传统的私法保护已无法顺应隐私、个人信息及数据保护的现实需求。构建公法和私法多元手段协同的保护机制是数字时代下隐私、个人信息与数据保护的应有之义。受篇幅所累，本书聚焦于隐私、个人信息及数据的私法保护，并未就隐私、个人信息与数据公法保护规则的构建以及公私法保护规则的协调展开深入论述，仍有待来者予以阐释、论证。只有创设隐私、个人信息及数据公私法保护制度的良性互动，方能实现隐私保护及个人信息、数据利用、流通与共享的协同共进，从而顺应数字经济飞速发展下层出不穷的现实困境与实践难题。

**图书在版编目(CIP)数据**

隐私、个人信息与数据保护的法律互动机制研究/杨显滨著.—上海:上海三联书店,2023.6
ISBN 978 - 7 - 5426 - 8134 - 8

Ⅰ.①隐… Ⅱ.①杨… Ⅲ.①互联网络-个人信息-隐私权-法律保护-研究-中国 Ⅳ.①D923.74

中国国家版本馆 CIP 数据核字(2023)第 106817 号

**隐私、个人信息与数据保护的法律互动机制研究**

著　　者／杨显滨

责任编辑／杜　鹃
装帧设计／一本好书
监　　制／姚　军
责任校对／王凌霄

出版发行／上海三联书店
　　　　　(200030)中国上海市漕溪北路 331 号 A 座 6 楼
邮　　箱／sdxsanlian@sina.com
邮购电话／021 - 22895540
印　　刷／上海惠敦印务科技有限公司

版　　次／2023 年 6 月第 1 版
印　　次／2023 年 6 月第 1 次印刷
开　　本／890mm×1240mm　1/32
字　　数／150 千字
印　　张／7.375
书　　号／ISBN 978 - 7 - 5426 - 8134 - 8/D·589
定　　价／68.00 元

敬启读者,如发现本书有印装质量问题,请与印刷厂联系 021 - 63779028